귀빵
(왕초보)

Let's 일빵빵

귀가 빵 터지는

귀빵 [왕초보]

2021년 11월 15일 초판 1쇄 발행

지 은 이 ｜ 서장혁
펴 낸 이 ｜ 서장혁
기　　획 ｜ 일빵빵어학연구소
디 자 인 ｜ 이가민
마 케 팅 ｜ 유선경 윤정아 최은성 윤서영 탁은희

펴 낸 곳 ｜ 토마토출판사
주　　소 ｜ 서울시 마포구 양화로161 케이스퀘어 727호
T E L ｜ 1544-5383
홈페이지 ｜ www.tomato4u.com
E-mail ｜ edit@tomato4u.com
등　　록 ｜ 2012. 1. 11.
I S B N ｜ 979-11-90278-89-8 (14740)
　　　　　 979-11-90278-76-8 (세트)

귀빵
(왕초보)

서장혁 지음

토마토
출판사

"렛츠일빵빵이
더욱 강력해졌습니다"

기종에 따라 플레이스토어나 앱스토어에서
'일빵빵' 검색 후 어플 다운로드 받으시고
매일 업데이트 되는 최고의 강의를 들어보세요.

1. 오늘의 리스닝 TIP(시각적 예습 단계)

강의 전 'DIALOGUE'에 표시된 리스닝 TIP을 미리 눈으로 체크하고 강의를 시작하는 코너. 처음에는 여러 가지 부호나 표시가 낯설 수 있지만 강의가 거듭될수록 단어 사이의 연음 처리, 리스닝에서 속기 쉬운 단어, 원어민들이 많이 쓰는 표현 등을 미리 시각적으로 예습, 머릿속에서 자연스럽게 정리되는 효과가 있다. 나중에는 영어 문장만 보고도 원어민들이 어떻게 발음을 할지 정확히 예측할 수 있게 되며 자연스럽게 리스닝 학습에 도움이 된다.

2. KEY STEP(청각적 학습 단계)

강의를 청취하면서 강사님 설명을 순서대로 따라가며 중요 부분을 분석하고 학습해 가는 코너. 무수한 반복을 하다 보면, 어떤 단어는 원어민들이 많이 쓰지 않아서 버릴지, 어떤 단어는 너무 쉬운데도 다른 단어로 잘못 들리는지 우리의 리스닝을 방해하는 요소들을 정확히 구별할 수 있게 된다. 현지에서 원어민들의 'DIALOGUE' 자체를 그대로 갖고 왔기 때문에, 한국 교재에서는 볼 수 없는 여러 표현 및 리스닝 규칙등 을 충분히 알아갈 수 있다.

본 교재의 구성

3. ADDITIONAL POINT(A.P 로 표기) (보충 학습 단계)

강의를 청취하면서 'DIALOGUE'에 나와 있는 문장뿐 아니라 그 외 알아두면 좋을 유사 단어, 기본 문법, 추가 표현, 필수 예시문 등을 강의 필기와 함께 메모해 둘 수 있는 코너. 본 강의에서의 리스닝 훈련과 함께 다양한 현지 영어 공부를 추가 학습함으로써 기본기 외의 풍부한 학습까지 쌓아나갈 수 있다.

4. DIALOGUE REVIEW(시각적 + 청각적 복습 단계)

강의 시작 전 미리 눈으로 체크했던 리스닝 TIP을 다시 한번 오늘 배운 전체 'DIALOGUE'에 직접 복습해 볼 수 있는 코너. 최종적으로 시각적, 청각적 복습의 의미가 있으며, 전체적인 학습 정리와 함께, 강의를 따라가느라 놓친 'DIALOGUE' 뉘앙스를 다시 한번 학습해 볼 수 있다.

CONTENTS

 미국편 [뉴욕 / 보스톤]

C O N T E N T S

영국편 [런던]

귀빵
(왕초보)

미국편 [뉴욕 / 보스톤]

기내 기내식 주문할 때의 대화

WEAK POINT

기내 운행 소음이 크다. 스튜어디스 국적에 따라 발음이 다르다.

보통 기내식을 주문할 때는

1. 음료 주문
2. 식사 주문
3. 디저트 주문
으로 크게 나눈다.

왕초보 단계에서는 '간단한 음료 주문과 식사 주문'만
공부해 보도록 하자.

오늘의 리스닝 TIP

A: Can I **get you** a drink? Wha**t would you** like to drink?

B: I**'ll** take a water.

A: Wine? Re**d or** white?

B: Water, jus**t** water.

A: Water?

B: No ice, please.

➤ 강의를 들으면서 순서대로 쭉 따라오세요.

KEY STEP 1

Can I **get you** a drink?

('**t**' 발음은 뒤의 알파벳과 연음으로 발음되는 경우가 많다)

KEY STEP 2

What **would you** like to drink?

('**d**' 발음은 뒤의 알파벳과 연음으로 발음되는 경우가 많다)

KEY STEP 3

Wha**t would you** like to drink?

('**What**'을 문장 앞에 말할 때 뒤의 '**t**'를 강하게 발음 안 하는 경우가 많다)

KEY STEP 4

I'll take a water.

(보통 회화에서 '~ 주세요'라고 할 때 간단히 '**take**'라는 단어를 사용한다.)

A.P I would like to drink something = I'll take something. (~주세요) 문장 반드시 암기!

A.P a drink (음료 한 잔) / a water (물 한 잔)

KEY STEP 5

I'll take a water.

('**I will = I'll**' 로 주로 줄여서 발음하며, 거의 '아일'이라고 들린다.)

Wine? Re**d or** white?

('or'은 **A or B** 로 구성되기 때문에 말할 때 앞 단어 **A**의 끝 알파벳과 'or'이 연음 될 수 있음을 유의한다.)

Water, jus**t** water.

('just' 단어는 뒤의 't'를 강하게 발음 안 하는 경우가 많다.)

No ice, please.

A.P No+명사, please = '명사'는 빼주세요. (일종의 부탁하는 형태의 명령형으로 보면 된다.) 〔단어 반드시 암기!〕

DIALOGUE REVIEW

1. 아래 원본 대화에서 주의해야 할 리스닝 TIP을 생각나는 대로 적어본다.
2. 원본을 들으면서 현지 상황의 전체 대화 뉘앙스와 의미를 복습해 본다.

A : Can I get you a drink? What would you like to drink?

A : 마실 것 좀 드릴까요? 무엇을 마시겠습니까?

B : I'll take a water.

B : 물 마실게요.

A : Wine? Red or white?

A : 와인이요? 레드와인으로 드릴까요? 화이트와인으로 드릴까요?

B : Water, just water.

B : 물 주세요, 그냥 물이요.

A: Water?

A : 물 드릴까요?

B: No ice, please.

B : 얼음은 빼주세요.

오늘의 리스닝 TIP

B : Wha**t** do you want?

C : Whi**te** wine.

B : My friend wan**ts** to get drunk.

A : Oh, she wan**ts** to get drunk?

➤ 강의를 들으면서 순서대로 쭉 따라오세요.

KEY STEP 1

Wha**t** do you want?

('**What**'을 문장 앞에 말할 때 뒤의 '**t**'를 강하게 발음 안 하는 경우가 많다)

KEY STEP 2

Whi**te** wine.

(**wh** 발음은 'ㅎ'으로 하지 않고 되도록 'ㅇ'으로 발음 해준다. 화이트 ✗ 와잇 ◉)

(단어 뒤의 '**te**' 발음도 '트' 발음보다는 '받침발음'으로 해준다. 와이트 ✗ 와잇 ◉)

KEY STEP 3

My friend wan**ts** to get drunk.

('**n**' 다음에 '**t**'는 거의 발음하지 않는다. = '원스 투')

KEY STEP 4

My friend wants to get **drunk**.

A.P drunken = 취한 (반드시 명사 앞에 놓인다.)

* a drunken man = 술에 취한 남자.

* a drunken woman = 술에 취한 여자

* 나 술 취했어 = I am drunken. ✗

A.P drunk = 취한 (반드시 동사 뒤에 놓인다.)

* get drunk / be drunk = 술에 취하다.

* 나 술 취했어 = I am drunk. ◉

Oh, she wants to get drunk?

('n' 다음에 't'는 거의 발음하지 않는다. = '원스 투')

DIALOGUE REVIEW

1. 아래 원본 대화에서 주의해야 할 리스닝 TIP을 생각나는 대로 적어본다.
2. 원본을 들으면서 현지 상황의 전체 대화 뉘앙스와 의미를 복습해 본다.

B : What do you want?

B : 뭐 마실래?

C : White wine

C : 화이트와인 마실래.

B : My friend wants to get drunk.

B : 제 친구가 취하고 싶다는데요. (와인 시킨 것에 대한 농담)

A : Oh, she wants to get drunk?

A : 아, 친구 분이 취하고 싶대요?

오늘의 리스닝 TIP

B : Tha**t's** <u>what</u> she says.
A : No, I w**o**n't <u>let</u> her <u>be</u> drunk.
A : Di**d** you say white wine?
C : Yes.

➤ 강의를 들으면서 순서대로 쭉 따라오세요.

KEY STEP **1**

Tha**t's** <u>what</u> she says.

(실제 회화에서는 문장 시작할 때 '**That is**'라고 하지 않고 '**That's**'라고 한다.)

KEY STEP **2**

That's <u>what</u> she says.

A.P That's + '명사' = That's + 'what 명사절' (명사 역할)

A.P what = 1. 무엇 2. ~하는 것/ ~인 것
　　　여기서 'what'은 2번 의미로 해석한다. = 그게 그녀가 말한 것이에요. = 그녀가 그렇다고 하네요.

A.P 그가 그렇다고 하네요. = That's what he says.
　　　그들이 그렇다고 하네요. = That's what they say.
　　　사람들이 그렇다고 하네요. = That's what people say.

KEY STEP **3**

No, I w**o**n't <u>let</u> her <u>be</u> drunk.

('**will not**'을 줄여서 '**won't**'로 발음을 하는데, '**want**'와 '**won't**' 발음을 구별한다.)

A.P I won't let = I won't (나는 ~하지 않을 거야) + let (~하게 놔두다) = ~하게 내버려 두지 않을 거야.

A.P 'let' = '시키다. / 내버려 두다.' ('let' 뒤에는 'to'가 오지 않는다.)
　　　* let her <u>to</u> be drunk.❌
　　　* let her <u>be</u> drunk.⭕

KEY STEP **4**

Di**d** you say white wine?

('**d**' 발음은 뒤의 알파벳과 연음으로 발음되는 경우가 많다)

DIALOGUE REVIEW

1. 아래 원본 대화에서 주의해야 할 리스닝 TIP을 생각나는 대로 적어본다.
2. 원본을 들으면서 현지 상황의 전체 대화 뉘앙스와 의미를 복습해 본다.

B : My friend wants to get drunk.

B : 제 친구가 취하고 싶다는데요.

A : Oh, she wants to get drunk?

A : 아, 친구 분이 취하고 싶대요?

B : That's what she says.

B : 그녀가 그렇다 네요.

A : No, I won't let her be drunk.

A : 아니요, 제가 취하게 두지는 않을 거예요.

A : Did you say white wine?

A : 화이트와인 주문하셨죠?

C : Yes.

C : 네.

오늘의 리스닝 TIP

A : What <u>would</u> you like? A chicken or beef?

B : I'll <u>take</u> two beefs. <u>One for</u> me, <u>one for</u> my friend.

A : Ok.

B : Thank you.

➤ 강의를 들으면서 순서대로 쭉 따라오세요.

KEY STEP 1

What <u>would</u> you like?

A.P. 'would' 표현은 서비스를 받는 상황에서 많이 듣는 표현이다. 문장 반드시 암기!
유사한 표현 = What do you want? / What do you like?

KEY STEP 2

I'll <u>take</u> two beefs.

A.P. I'll take something. (~주세요)
A.P. two beef<u>s</u> = 셀 수 없는 명사라도 음식을 표현할 때는 복수이면 뒤에 's'를 붙여준다.

KEY STEP 3

One for me, one for my friend.

A.P. 'One for ~ , one for ~' = '하나는~ 이고요, 또 하나는~ 입니다.'

DIALOGUE REVIEW

A : Can I get you a drink? What would you like to drink?

A : 마실 것 좀 드릴까요? 무엇을 마시겠습니까?

B : I'll take a water.

B : 물 마실게요.

A : Wine? Red or white?

A : 와인이요? 레드와인으로 드릴까요? 화이트와인으로 드릴까요?

B : Water, just water.

B : 물 주세요, 그냥 물이요.

A: Water?

A : 물 드릴까요?

B: No ice, please.

B : 얼음은 빼주세요.

A : OK.

A : 네.

B : What do you want?

B : 뭐 마실래?

C : White wine

C : 화이트와인 마실래.

B : My friend wants to get drunk.

B : 제 친구가 취하고 싶다는데요.

A : Oh, she wants to get drunk?

A : 아, 친구 분이 취하고 싶대요?

B : That's what she says.

B : 그녀가 그렇다 네요.

A : No, I won't let her be drunk.

A : 아니요, 제가 취하게 두지는 않을 거예요.

A : Did you say white wine?

A : 화이트와인 주문하셨죠?

C : Yes.

C : 네.

A: What would you like? A chicken or beef?

A : 뭐 드시겠어요? 치킨 아니면 소고기 요리요?

B: I'll take two beefs. One for me, one for my friend.

B : 소고기 요리로 두 개 주세요. 하나는 제 거, 하나는 친구 거요.

A: Ok.

A : 그럴게요.

B: Thank you.

B : 감사합니다.

카페 음료 주문할 때의 대화

카페는 장소에 따라 주변 말소리, 음악소리가 크다.
주변이 잘 안 들려도 주문 순서만 기억하면 웬만한 주문은 할 수 있다.

보통 상대방이 음료를 주문받을 때는

1. Hot or iced?
2. Small or large?
3. For here or to go?
4. Name?
5. 주문 음료 받을 장소
6. 계산
등으로 물어본다.

보스턴의 한 카페로 가서 '간단한 음료 주문'을 공부해 보도록 하자.

오늘의 리스닝 TIP

A : Hello, good morning.

B : Can I get a small Iced··· uh, Can I get small americano?

A : Hot? Iced?

B : Hot, please.

A : And··· Umm··· One chai lat**e**?

B : Small?

A : Yes.

B : For here? **All** for here?

A : No, to go.

B : To go? Alright. Anything else?

A : That's it.

➤ 강의를 들으면서 순서대로 쭉 따라오세요.

KEY STEP 1

Hello, good morning.

A.P 낯선 사람에게 말을 걸 때는 자연스럽게 'Hi', 'Hello' 혹은 'Good morning'으로 시작을 한다.

KEY STEP 2

Can I get a small Iced··· uh, Can I get small americano?

A.P Can I get (a) ~ = 해외에서 주문할 때 가장 많이 쓰는 표현이다. 'a'는 경우에 따라 생략 가능. 문장 반드시 암기!
A.P 특히, 커피 같은 음료를 시킬 때 단위 표현 'a cup of ~' 등으로 사용하지 않는다.

KEY STEP 3

Hot? Iced?

(보통 주문에서는 특히 음료의 경우 '**hot or cold**'라고 물어보는 경우도 있다. 발음 주의!)

A.P 아이스 아메리카노는 현지에서 'ice americano'라고 하지 않고 'iced americano'라고 한다.

Hot, please.

A.P. 무엇인가를 주문할 때 가장 쉽게 쓸 수 있는 표현이 '주문할 대상 + please'를 붙여주면 가장 간단하다. `단어 반드시 암기!`

And··· Umm··· One chai latte?

(외래어 중에서 끝에 'e'로 끝나는 단어는 발음을 주로 '에이'라고 해주면 가장 정확하다.)

Small?

A.P. Small? (or large?) 이렇게 물어보는 것이 원래 정석이다. '차가운 건지 뜨거운 건지' 물어본 이후에는 '사이즈'를 물어보게 된다.

For here?

A.P. '사이즈'를 물어본 이후에는 어디서 마실지를 물어본다.
　　For here or to go? = 여기서 드시겠어요? 아니면 밖에 가지고 나가시겠어요?

All for here?

('all'은 뒤에 나오는 단어와 연음이 돼서 발음 자체가 뭉개져서 들린다.)

No, to go.

A.P. 'to go' 자체를 하나의 단어처럼 자연스럽게 쓰자. 'to' 부정사가 아니다.

Anything else?

A.P. 주문 끝에는 항상 물어보는 표현이다. `단어 반드시 암기!`

That's it.

A.P. '주문할 것이 더 없다'라고 할 때 많이 쓰는 표현으로 'no'보다는 'that's it'을 사용하는 것이 더 자연스럽다.

`문장 반드시 암기!`

DIALOGUE REVIEW

A : Hello, good morning.

A : 안녕하세요. 좋은 아침이네요.

B : Can I get a small Iced… uh, Can I get small americano?

B : 아이스 아니, 그냥 아메리카노 작은 사이즈 한 잔 주세요.

A : Hot? Iced?

A : 따듯한 걸로 드릴까요? 아니면 차가운 걸로 드릴까요?

B : Hot, please.

B : 따듯한 걸로 주세요.

A : And… Umm… One chai latte?

A : 아, 그리고 차이 라테도 한 잔 주시고요.

B : Small?

B : 작은 사이즈요?

A : Yes.

A : 네.

B : For here? All for here?

B : 여기서 드시는 건가요? 모두요?

A : No, to go.

A : 아니요, 가지고 나갈 거예요.

B : To go? Alright. Anything else?

B : 가지고 나가신다고요? 알겠습니다. 그 밖에 다른 주문은 없으신가요?

A : That's it.

A : 네. 없어요.

오늘의 리스닝 TIP

B : Just **t**wo drinks?

A : Yeah. That's it.

B : Can I **have one name** for the drink? The name?

A : Ah, name. Sorry. Olivia?

B : Olivia? **They'll** call your name right over there. Olivia.

A : Alright.

B : **Two** drink**s**, 7.86 please. No pastry? No pastry?

A : No pastry.

B : Okay.

➤ 강의를 들으면서 순서대로 쭉 따라오세요.

KEY STEP 1

Just **t**wo drinks?

('**just**' 단어처럼 's' 다음에 오는 마지막 't'는 강하게 발음 안 하는 경우가 많다. * first, just)

KEY STEP 2

Just two drink**s**?

A.P 'drink'도 셀 수 없는 명사지만, 복수를 나타내는 '음료'의 의미일 경우 복수 취급을 해준다.

KEY STEP 3

Can I **have one name** for the drink?

A.P 어디서 마실지 물어본 후 음료가 나왔을 때 주문한 사람을 부르기 위해 이름을 반드시 물어본다.

KEY STEP 4

They'll call your name right over there. Olivia.

(현지에서 **They'll**을 발음할 때 원어민들은 거의 빠르게 발음해서 '돌'에 가깝게 발음한다.)

(참고로 주어를 발음할 때 줄여서 발음하는 경향이 있다.

* **I will => I'll / You will => You'll / We will => We'll**)

Two drink**s**, 7.86 please.

(소수점을 기준으로 앞부분(달러)과 뒷부분(센트)은 따로 구별해서 숫자를 발음한다.)

(17불 86센트 = 17.86 = **seventeen / eighty six**.)

DIALOGUE REVIEW

1. 아래 원본 대화에서 주의해야 할 리스닝 TIP을 생각나는 대로 적어본다.
2. 원본을 들으면서 현지 상황의 전체 대화 뉘앙스와 의미를 복습해 본다.

A : Hello, good morning.

A : 안녕하세요. 좋은 아침이네요.

B : Can I get a small Iced··· uh, Can I get small americano?

B : 아이스 아니, 그냥 아메리카노 작은 사이즈 한 잔 주세요.

A : Hot? Iced?

A : 따듯한 걸로 드릴까요? 아니면 차가운 걸로 드릴까요?

B : Hot, please.

B : 따듯한 걸로 주세요.

A : And··· Umm··· One chai latte?

A : 아, 그리고 차이 라테도 한 잔 주시고요.

B : Small?

B : 작은 사이즈요?

A : Yes.

A : 네.

B : For here? All for here?

B : 여기서 드시는 건가요? 모두요?

A : No, to go.

A : 아니요, 가지고 나갈 거예요.

B : To go? Alright. Anything else?

B : 가지고 나가신다고요? 알겠습니다. 그 밖에 다른 주문은 없으신가요?

A : That's it.

A : 네. 없어요.

B : Just two drinks?

B : 음료 두 개만 시키시는 거죠?

A : Yeah. That's it.

A : 네. 그게 다예요.

B : Can I have one name for the drink? The name?

B : 음료 받으실 이름 하나만 말해주실래요? 이름이요.

A : Ah, name. Sorry. Olivia?

A : 아, 이름이요. 미안해요. Olivia예요.

B : Olivia? They'll call your name right over there. Olivia

B : Olivia요? 나오면 저쪽에서 이름 부를 거예요. Olivia.

A : Alright.

A : 알겠어요.

B : Two drinks, 7.86 please. No pastry? No pastry?

B : 음료 2개에 7불 86센트예요. 빵은 필요 없으세요?

A : No pastry.

A : 빵은 필요 없어요.

B : Okay.

B : 네.

스모가스버그 방문할 때의 대화

원어민에게 길을 물을 때 'WHERE'로 시작하게 되면 어색한 경우가 많다. 먹거리 시장이 열리는 장소나 오픈 시간에 대해 궁금할 때 '고유명사'나 '시간을 나타내는 숫자'에 대해 못 알아들을 수 있으니 듣는 연습을 하자.

'SMORGASBURG' = 미국 뉴욕 브루클린으로 가면 Williamsburg 지역에서 토요일마다 만날 수 있는 'all-food market' 즉, 음식만을 판매하는 먹거리 시장이다. 시장 사이를 걸어다니면서 양옆의 포장마차에 진열된 갖가지 실험적이면서도 특색 있는 각 나라 음식을 만끽할 수 있다. 그 옆에는 엔틱하고 빈티지한 물건을 파는 벼룩시장(flea-market)도 함께 열리며, 뉴욕에서 빼놓을 수 없는 관광 코스이니 기회가 되면 꼭 들러보기로 하자.

오늘의 리스닝 TIP

A : Excuse me, I'**ve** got a question. <u>Do you know</u> where *Smorgasburg* is?

B : Ah, yes. Straight ahead.

A : Straight ahead?

➤ 강의를 들으면서 순서대로 쭉 따라오세요.

KEY STEP 1

Excuse me, I've got a question.

A.P 길을 가다 정중하게 낯선 사람에게 말을 걸 때는 'Excuse me'로 시작을 한다.

KEY STEP 2

Excuse me, I'**ve** got a question.

(I've는 I have의 줄인 말로 뒤의 've'는 흘리듯이 살짝 발음해서 실제 거의 발음이 들리지 않는다.)

A.P I've got a question. = 질문 있는데요. 문장 반드시 암기!

KEY STEP 3

Do you know where *Smorgasburg* is?

A.P Where is Smorgasburg? = 직접적인 질문

<u>Do you know</u> where *Smorgasburg* is? = 나이스하고 좀 더 부드러운 질문

A.P 일반의문문에서는 주어와 동사의 위치가 바뀐다.

Where is Smorgasburg?

그러나 질문 앞에 'Do you know'가 앞에 나오면 주어, 동사 위치는 바뀌지 않는다.

Do you know where *Smorgasburg* is?

* 서울역 어디예요?

직접적인 질문 : Where is Seoul station?

간접적인 질문 : Do you know where Seoul station is?

KEY STEP 4

Straight ahead.

(단어 끝의 't' 발음은 '트'라고 하지 않고 받침 발음으로 말해주거나 살짝 생략하는 경우가 많다)

A.P Straight ahead. = 앞으로 쭉 가면 된다.

DIALOGUE REVIEW

1. 아래 원본 대화에서 주의해야 할 리스닝 TIP을 생각나는 대로 적어본다.
2. 원본을 들으면서 현지 상황의 전체 대화 뉘앙스와 의미를 복습해 본다.

A : Excuse me, I've got a question. Do you know where *Smorgasburg* is?

A : 실례합니다. 질문 있는데요. 혹시 *Smorgasburg* 어디에 있는지 아시나요?

B : Ah, yes. Straight ahead.

B : 아, 알아요. 앞으로 쭉 가시면 돼요.

A : Straight ahead?

A : 앞으로 쭉 가요?

B : Yes.

B : 맞아요.

오늘의 리스닝 TIP

A : Do you know what time it opens?

B : I'm not sure. I think 11?

A : 11?

B : I'm not quite sure.

A : Thank you so much.

➤ 강의를 들으면서 순서대로 쭉 따라오세요.

KEY STEP 1

Do you know what time it opens?

A.P What time does it open? = 직접적인 질문

Do you know what time it opens? = 나이스하고 좀 더 부드러운 질문

A.P 일반의문문에서는 주어와 동사의 위치가 바뀐다.

What time does it open?

그러나 질문 앞에 'Do you know'가 앞에 나오면 주어, 동사 위치는 바뀌지 않는다.

Do you know what time it opens?

KEY STEP 2

I'm not sure. I think 11?

A.P I'm not sure. = (상대의 질문에 확신이 없을 때) 잘 모르겠어요. 문장 반드시 암기!

KEY STEP 3

I'm not sure. I think 11?

(시간을 말할 때는 주로 숫자로만 표현을 해준다.)

KEY STEP 4

I'm not quite sure.

(단어 끝의 'te' 발음은 '트'라고 하지 않고 받침 발음으로 말해주거나 살짝 생략하는 경우가 많다)

I'm not quite sure.

A.P quite = 보통 강조할 때 사용하는 표현으로 '확실히, 잘'을 넣어주면 된다.

A.P quite = really = pretty 로 바꿔 쓸 수 있으면, 혹은 I'm not sure 뒤에 '100%'를 붙여 강조하기도 한다.

I'm not quite sure. = I'm not really sure. = I'm not pretty sure. = I'm not sure 100%.

DIALOGUE REVIEW

1. 아래 원본 대화에서 주의해야 할 리스닝 **TIP**을 생각나는 대로 적어본다.
2. 원본을 들으면서 현지 상황의 전체 대화 뉘앙스와 의미를 복습해 본다.

A : Straight ahead?

A : 앞으로 쭉 가요?

B : Yes.

B : 맞아요.

A : Do you know what time it opens?

A : 몇 시에 오픈하는지 혹시 아시나요?

B : I'm not sure. I think 11?

B : 잘 모르겠지만, 11시 같은데요?

A : 11?

A : 11시요?

B : I'm not quite sure.

B : 확실하지는 않아요.

A : Thank you so much.

A : 정말 감사해요.

오늘의 리스닝 TIP

A : Excuse me, where <u>di**d** you</u> <u>get</u> the French fries?

B : <u>Back there</u> at *Home frite*.

A : *Home frite*?

B : Yeah

A : Thank you so much, It looks so good.

B : The truffle fries.

A : I'**ll** try it, thank you.

➡ 강의를 들으면서 순서대로 쭉 따라오세요.

KEY STEP 1

Excuse me, where <u>di**d** you</u> get the French fries?

('**d**' 발음은 뒤의 알파벳과 연음으로 발음되는 경우가 많다)

KEY STEP 2

Excuse me, where did you <u>get</u> the French fries?

A.P 회화상에서 가장 많이 쓰이는 동사가 'get'이며, 보통 의미는 '사다, 얻다' 등으로 쓰인다.

A.P 감자튀김은 보통 'french fries'라고 한다. 단어 반드시 암기!

KEY STEP 3

Back there at *Home frite*.

A.P 고유명사 : Home frite = Smorgasburg에 있는 먹거리 가게 이름.

KEY STEP 4

<u>Back there</u> at *Home frite*.

A.P '거기 뒤에 / 저기 뒤에' = back there

'저쪽에, 저 앞에' = over there

It looks so good.

(보통 앞의 주어 'it'를 생략해서 발음한다.)

KEY STEP 6

The truffle fries.

A.P The truffle fries = 감자튀김과 트러플(송로버섯) 소스를 뿌려서 먹는 음식.

KEY STEP 7

I'll try it.

(주어를 발음할 때 조동사를 줄여서 발음하는 경향이 있다. * I will => I'll)

KEY STEP 8

I'll try it.

A.P try = '입어보다, 먹어보다.'의미이며 '먹다'라고 할 때 'eat'보다 더 자연스럽게 많이 쓰인다.

I'll try it. = 저도 한번 먹어볼게요. 문장 반드시 암기!

DIALOGUE REVIEW

1. 아래 원본 대화에서 주의해야 할 리스닝 TIP을 생각나는 대로 적어본다.
2. 원본을 들으면서 현지 상황의 전체 대화 뉘앙스와 의미를 복습해 본다.

A : Excuse me, I've got a question. Do you know where *Smorgasburg* is?

A : 실례합니다. 질문 있는데요. 혹시 *Smorgasburg* 어디에 있는지 아시나요?

B : Ah, yes. Straight ahead.

B : 아, 알아요. 앞으로 쭉 가시면 돼요.

A : Straight ahead?

A : 앞으로 쭉 가요?

B : Yes.

B : 맞아요.

A : Do you know what time it opens?

A : 몇 시에 오픈하는지 혹시 아시나요?

B : I'm not sure. I think 11?

B : 잘 모르겠지만, 11시 같은데요?

A : 11?

A : 11시요?

B : I'm not quite sure.

B : 확실하지는 않아요.

A : Thank you so much.

A : 정말 감사해요.

A : Excuse me, where did you get the French fries?

A : 실례합니다, 그 감자튀김 어디서 사셨어요?

B : Back there at Home frite?

B : 저기 뒤에 'Home frite'라는 곳에서요.

A : *Home frite*?

A : 'Home frite'요?

B : Yeah

B : 네

A : Thank you so much, Looks so good.

A : 정말 고마워요. 맛있어 보이네요.

B : The truffle fries.

B : 트러플 감자튀김이에요.

A : I'll try it, thank you.

A : 저도 먹어볼게요. 감사합니다.

공항 수속할 때의 대화

WEAK POINT

주로 여러 사람과 함께 줄을 서서 이동하게 되는 공항에서의 비행기 탑승 수속 과정은 현장에서 이루어지는 상황이기 때문에 순간적으로 안내자의 말을 못 알아듣거나, 제대로 반응하지 못하면 뒤의 탑승객들에게 피해가 갈 수 있다. 그래서 오히려 긴장되고 쉬운 단어도 쉽게 놓치는 경우가 있다. 왕초보 단계에서는 공항 수속 과정 중 비교적 간단한 상황에서의 대화를 주로 학습해 보기로 하자.

1. 출국 전 ID 체크 상황
2. 짐 검사 안내를 받는 상황
3. 게이트에 들어가는 상황
4. 비행기에 탑승하는 상황

오늘의 리스닝 TIP

A : How you do**in**?

B : I'm fine, how are you?

A : Do**in** alright.

A : Yep, that's me.

B : Yep, here you are.

A : Thanks.

B : You're welcome.

➡ 강의를 들으면서 순서대로 쭉 따라오세요.

KEY STEP 1

How you do**in**?

(원어민들은 인사말 중 상투화되어서 원래 문장을 많이 생략해서 발음하는 표현이 많다. 보통 '**be**' 동사 '**are**'을 생략하고 뒤에도 '**doing**'을 줄여서 '**doin**'이라고 흔하게 발음해서 '**How are you doing?**'의 문장을 '**How you doin?**'이라고 간단히 발음한다.)

KEY STEP 2

I'm fine, how are you?

A.P 'How are you?'에 다양하게 대답하기.

좋을 때 = I'm fine. / I'm good. / Alright. / I'm alright.

진짜 좋을 때 = I'm doing great.

보통일 때 = I'm OK. / Not bad. / Nothing special.

<혹은 순간 기분에 솔직하게 대답해도 된다.>

기분 좋거나 설렐 때 = I'm so excited.

긴장 될 때 = I'm nervous.

피곤할 때 = I'm tired.

KEY STEP 3

Do**in** alright.

(마찬가지로 '**I'm doing alright.**'을 그대로 말하지 않고 생략해서 '**Doin alright**'이라고 주로 발음한다.)

Yep, here you are.

A.P 'here you are'은 무엇인가를 건네줄 때 많이 쓰는 표현이다.

여기서 'you'는 '너'가 아니라 '상대방에게 건네주는 물건'을 뜻함을 명심하자. 문장 반드시 암기!

Here you are. (여기 있어요.)

Here you go. (여기 있어. 좀 더 친한 사이에 캐쥬얼하게 쓰임)

Here we are. (우리 다 도착했어. / 그동안 찾던 거 여기 있어. / 찾았다.)

Here we go. (시작하자, 가자. / Let's go)

DIALOGUE REVIEW

1. 아래 원본 대화에서 주의해야 할 리스닝 TIP을 생각나는 대로 적어본다.
2. 원본을 들으면서 현지 상황의 전체 대화 뉘앙스와 의미를 복습해 본다.

A : How you doin?

A : 안녕하세요?

B : I'm fine, how are you?

B : 네 좋아요. 당신은요?

A : Doin alright.

A : 좋네요.

A : Yep, that's me.

A : 네, (신분증 ID를 보여주며) 그거 저 맞아요.

B : Yep, here you are.

B : 네 (신분증 ID를 건네주며) 여기 있어요.

A : Thanks.

A : 감사합니다.

B : You're welcome.

B : 천만에요.

오늘의 리스닝 TIP

A : Is this side open?

B : Yeah, but no carts.

A : Yeah, I was about to grab some.

➤ 강의를 들으면서 순서대로 쭉 따라오세요.

KEY STEP 1

Is this side open?

('Is' 끝의 's'와 'this' 앞의 'th'가 충돌해서 거의 '이thI스(이디스)'라고 발음된다.)

KEY STEP 2

Yeah, but no carts.

(단어 끝의 't' 발음은 '트'라고 하지 않고 받침 발음으로 말해주거나 살짝 생략하는 경우가 많다)

KEY STEP 3

Yeah, I was about to grab some.

(보통 주어 'I'를 문장 앞에서 말할 때는 천천히 '아이'라고 발음하지 않고 빨리 말해서 '아'로 발음하는 경우가 많다. 'I was'는 '아이 워스'가 아니라 '아워스'로 발음됨을 주의하자.)

A.P be about to = 막 ~하려고 하던 참이다.

KEY STEP 3

Yeah, I was about to grab some.

A.P grab = 순식간에 잡았다가 떼는 표현 / hold = 계속 잡고 있는 표현.

KEY STEP 4

Yeah, I was about to grab some.

(주어 다음에 오는 'be' 동사는 거의 잘 들리지 않게 발음하는 경우가 많다.)

KEY STEP 5

Yeah, I <u>was about to</u> grab some.

A.P 나는 점심을 막 먹으러 나가려던 참이야.
= I was about to leave for lunch.

나는 지금 커피를 마시러 가려던 참이야.
= I was about to go get some coffee.

DIALOGUE REVIEW

1. 아래 원본 대화에서 주의해야 할 리스닝 TIP을 생각나는 대로 적어본다.
2. 원본을 들으면서 현지 상황의 전체 대화 뉘앙스와 의미를 복습해 본다.

A : Is this side open?

A : (옆의 짐 검사 줄을 가리키며) 이쪽 열었나요?

B : Yeah, but no carts.

B : 네, 근데 카트는 입장 안 돼요.

A : Yeah, I was about to grab some.

A : 네, 짐 챙겨서 줄 서려고 하던 참이에요.

오늘의 리스닝 TIP

A : How you guys doing today?

B : So far, so good. How about you?

A : So far, so tired!

B : No, don't be tired.

A : I just came from Seoul.

B : Oh!

➤ 강의를 들으면서 순서대로 쭉 따라오세요.

KEY STEP 1

How you guys doing today?

(원어민들은 인사말을 빨리 발음하면서 대개 '**be**' 동사를 생략한다.

여기서는 '**How are you doing?**'에서 '**are**'즉 '**be**' 동사를 생략해서 발음했다.)

KEY STEP 2

So far, so good.

A.P 인사말에서 대답으로 쓰이며의미는 '아직까지는 좋아요, 지금까지는 별거 없네요'라는 의미로 사용한다.

KEY STEP 3

How about you?

(흔히 쓰는 표현으로, 앞 '**How**' 끝의 '**w**'와 뒤의 단어 '**about**'의 '**a**'가 연음이 돼서 '**a**' 발음을 크게 하지 않는다.)

KEY STEP 4

So far, so tired!

A.P So far, so + '그 당시 기분을 나타내는 형용사'를 얼마든지 넣을 수 있다.

KEY STEP 5

I just came from Seoul.

('**just**' 단어는 뒤의 '**t**'를 강하게 발음 안 하는 경우가 많다.)

47

A.P just = 막, 방금 막

나 방금 서울에서 왔어. = I just came from Seoul.
나 방금 학교에서 왔어. = I just cme from school.
나 방금 미국에서 왔어. = I just came from States.

DIALOGUE REVIEW

1. 아래 원본 대화에서 주의해야 할 리스닝 TIP을 생각나는 대로 적어본다.
2. 원본을 들으면서 현지 상황의 전체 대화 뉘앙스와 의미를 복습해 본다.

A : How you guys doing today?

A : 오늘 어떠세요?

B : So far, so good. How about you?

B : 지금까지는 좋네요. 어떠신데요?

A : So far, so tired!

A : 지금까지 너무 피곤했는걸요.

B : No, don't be tired.

B : 안 돼요, 피곤하시면.

A : I just came from Seoul.

A : 지금 막 서울에서 왔거든요.

B : Oh!

B : 저런!

A : I'm tired! Take care!

A : 그래서 피곤해요. 수고하세요!

오늘의 리스닝 TIP

B : Welcome aboard!

A : Good morning!

B' : Good morning!

A : Do you know how long **this** flight is?

B : 11 hour 20 minutes.

A : Whoa!

B : Yeah!

A : Yes!

➤➤ 강의를 들으면서 순서대로 쭉 따라오세요.

KEY STEP 1

Welcome aboard!

A.P. aboard = 교통수단(배, 비행기 등)에 탑승한. 승선한.

KEY STEP 2

Do you know how long **this** flight is?

('**this**' 앞의 '**th**' 발음을 약하게, 그리고 뒤의 '**flight**' 끝의 '**t**'는 뒤에 단어가 나오면 연음이 되어서 약하게 발음된다.)

KEY STEP 3

Do you know how long this flight is?

A.P. Do you know + how long + 주어 + 동사 = 질문하는 문장임에도 뒤에 주어, 동사 순서는 바뀌지 않는다.

KEY STEP 4

Do you know how long this flight is?

A.P. 'how long' = '시간상 길이나 정도'를 나타냄.
　　'how + 형용사' = 얼마나 ~하나요?

DIALOGUE REVIEW

1. 아래 원본 대화에서 주의해야 할 리스닝 TIP을 생각나는 대로 적어본다.
2. 원본을 들으면서 현지 상황의 전체 대화 뉘앙스와 의미를 복습해 본다.

B : Welcome aboard!

B : 탑승 환영합니다!

A : Good morning!

A : 안녕하세요..

B' : Good morning!

B' : 네 안녕하세요.

A : Do you know how long this flight is?

A : 이 비행(기) 얼마나 걸리는지 아시나요?

B : 11 hour 20 minutes.

B : 11시간 20분 걸립니다.

A : Whoa!

A : 세상에!

B : Yeah!

B : 그러게요!

A : Yes!

A : 알겠어요!

오늘의 리스닝 TIP

B : Good morning, <u>thank you for</u> the boarding pass.

A : Oh yeah, boarding pass <u>is</u> right here.

B : Alright, <u>415</u>, yep, alright see, thank you.

A : Thank you

➤ 강의를 들으면서 순서대로 쭉 따라오세요.

KEY STEP 1

<u>Thank you for</u> the boarding pass.

A.P Thank you for ~ = ~해주셔서 감사합니다. (미리 ~해달라고 요청할 때 사용하기도 한다.)

　　Thank you for the boarding pass. = 탑승권 보여주셔서 감사합니다. ('보여 달라'는 의미이다.)

　　= Can I see your boarding pass?

　　= May I see your boarding pass?

　　= Boarding pass, please.

KEY STEP 2

Oh yeah, boarding pass <u>is</u> right here.

(문법적으로 당연히 동사가 있어야 하겠지만, 원어민들은 '**be**' 동사를 주로 생략해서 많이 발음한다.)

KEY STEP 3

Alright, <u>415</u>, yep, alright see, thank you.

(숫자를 말할 때는 보통 세 자리(백, 십, 일의 자리)를 고려해서 말하는 경우도 있으나, 보통은 뒤에서 부터 두 자리씩 끊어서 '**four fifteen**' 혹은, 한 자리씩 '**four, one, five**'이라고 발음하기도 한다. 다만, 숫자가 무엇을 나타내느냐에 따라 다르므로 나올 때마다 구별해서 발음한다.)

DIALOGUE REVIEW

1. 아래 원본 대화에서 주의해야 할 리스닝 TIP을 생각나는 대로 적어본다.
2. 원본을 들으면서 현지 상황의 전체 대화 뉘앙스와 의미를 복습해 본다.

B : Good morning, thank you for the boarding pass.

B : 안녕하세요. 탑승권 좀 보여주시겠어요?

A : Oh yeah, boarding pass right here.

A : 아 네, 탑승권 여기 있어요.

B : Alright, 415, yep, alright see, thank you!

B : 좋아요. 415, 확인했어요. 감사합니다.

A : Thank you!

A : 감사합니다!

식당 음료 주문할 때의 대화

식당에서 음료를 주문하는 상황은 카페에서 음료를 주문하는 상황과 다르다. 일단 메인은 음료가 아닌 식사가 중심이고, 식사 전에 테이블에 앉아서 직원의 도움을 받으면서 주문하는 상황으로 주로 음료, 즉, 커피 종류 보다는 물 종류나 술 종류 위주가 많다.

우리가 용어를 잘 모를 수 있으므로 음료 주문하는 방법 및 간단한 음료 종류에 대해 알아보기로 하자.

일반적으로 식당에서 접하는 기본적인 물의 종류만 보면

1. Sparkling water (탄산수)
2. Still water (우리가 흔히 마시는 물)
3. Tap water (미국 식당에서 그냥 주는 식수, 수돗물)
등이 있다.

오늘의 리스닝 TIP

A : I'm wai**t**ing for the chips <u>to get ready</u>.

B : OK.

A : But, <u>can I ge**t** you</u> anything to drink?

B : Sure! Um, can I get one <u>sparkling water</u>?

A : Yes of course. **With** lime, lemon? Or nothing?

A : Okay. It's sparkling water wi**th** lemon.

➤ 강의를 들으면서 순서대로 쭉 따라오세요.

KEY STEP 1

I'm wai**t**ing for the chips to get ready.

('t'는 단어 중간에 있을 때 약한 'd'로 발음한다.)

A.P wait for ~ : ~를 기다리다.

KEY STEP 2

I'm waiting for the chips <u>to</u> get ready.

('to'는 문장 상에서 주로 강하게 발음하지 않는다.)

A.P chips : 얇게 썰은 감자 칩, 튀김

KEY STEP 3

I'm waiting for the chips to <u>get ready</u>.

A.P get ready = 막 준비 중이다. 즉, '막 나올 예정'이라는 의미를 암시한다.

KEY STEP 4

But, <u>can I ge**t** you</u> anything to drink?

('t' 발음은 뒤의 알파벳과 연음으로 발음되는 경우가 많다)

A.P Can I get you ~ : ~ 드릴까요?

But, can I get you <u>anything to drink</u>?

A.P. Can I get you <u>a drink</u>? = Can I get you <u>anything to drink</u>?

Sure! Um, can I get one sparkling water?

A.P. 탄산수 = sparkling water

일반적인 물 = still water

수돗물(미국 식당에서 식수로 내놓는 물) = tap water

Yes of course. Wi**th** lime, lemon? Or nothing?

('**with**' 발음은 원어민들이 발음할 때, '위드'라고 하지 않고 '윗'라고 발음한다.

보통 't / d / th' 로 끝나는 경우 받침 발음한다.)

A.P. with ~ = ~를 넣어서 주세요. 단어 반드시 암기!

얼음 넣은 물 = water <u>with ice</u>

Wi**th** lime, lemon? Or nothing?

A.P. 병렬구조= A, B, or C?

(병렬구조에서 발음 억양은 A에서(올리고), B에서(올리고), or C에서(내려준다))

DIALOGUE REVIEW

A : I'm waiting for the chips to get ready.

A : 감자칩 곧 나올 거예요.

B : OK.

B : 네.

A : But, can I get you anything to drink?

A : 근데 음료수 좀 드릴까요?

B : Sure! Um, can I get one sparkling water?

B : 좋아요. 탄산수 있나요?

A : Yes of course. With lime, lemon? Or nothing?

A : 그럼요. 라임이나 레몬 넣어서 드릴까요? 아니면 그냥 드릴까요?

A : Okay. It's sparkling water with lemon.

A : (주문을 받고) 네. 그럼 레몬 넣어서 드릴게요.

오늘의 리스닝 TIP

B : I'll get <u>the same</u> thing.
A : Yeah. OK. **So** two.
B : Okay
A : Are you ready to order? **or** no?
B : No, we need some time.

➤ 강의를 들으면서 순서대로 쭉 따라오세요.

KEY STEP 1

I'll get <u>the same</u> thing.

A.P. the same ~ = ~ 와 같은
같은 걸로 주세요. = I'll get the same thing. `문장 반드시 암기!`

KEY STEP 2

Yeah. OK. **So** two.

('**so / and / but**'은 뒤에 오는 단어와 혼동해서 다른 단어로 들릴 수 있으므로 리스닝에서 주의한다.)

KEY STEP 3

Are you ready to order? **or** no?

A.P. Are you ready to order? = 주문하시겠어요? `문장 반드시 암기!`
('or' 역시 'r' 발음이 뒤에 오는 단어와 혼동해서 다른 단어로 들릴 수 있으므로 리스닝에서 주의한다.)

KEY STEP 4

No, we need some time.

A.P. we need some time. = 시간 좀 주세요. `문장 반드시 암기!`

1. 아래 원본 대화에서 주의해야 할 리스닝 TIP을 생각나는 대로 적어본다.
2. 원본을 들으면서 현지 상황의 전체 대화 뉘앙스와 의미를 복습해 본다.

A : I'm waiting for the chips to get ready.

A : 감자칩 곧 나올 거예요.

B : OK.

B : 네.

A : But, can I get you anything to drink?

A : 근데 음료수 좀 드릴까요?

B : Sure! Um, can I get one sparkling water?

B : 좋아요. 탄산수 있나요?

A : Yes of course. With lime, lemon? Or nothing?

A : 그럼요. 라임이나 레몬 넣어서 드릴까요? 아니면 그냥 드릴까요?

A : Okay. It's sparkling water with lemon.

A : (주문을 받고) 네. 그럼 레몬 넣어서 드릴게요.

B : I'll get the same thing.

B : 저도 같은 걸로 주세요.

A : Yeah. OK. So two.

A : 네, 그럼 두 개 맞죠?

B : Okay.

B : 네.

A: Are you ready to order? or no?

A : 주문하시겠어요? 아니면 아직인가요?

B : No, we need some time.

B : 아뇨. 시간 좀 주세요.

A : Okay.

A : 네.

길묻기 길묻기 할 때의 대화

WEAK POINT

해외에서 낯선 사람에게 길을 묻는다는 것은 초보자들에게는 여간 어려운 일이 아닐 수 없다. 또한 상대방이 흔쾌히 대답을 해주어도, 미국 도시의 경우 거리마다 모두 넘버링이나 고유의 이름이 정해져 있고, 거리도 서수로 말한다거나, 고유 장소 이름은 줄여서 말하는 등 우리 생각과 달라서 당황스러운 경우가 상당히 많다. 여기에 덤으로 교통 소음이나 외부 소음도 우리 리스닝을 어렵게 하는 요소가 될 수 있으니, 단순히 'WHERE' 단어만 가지고 접근하기보다는 길 묻기의 실제 다양한 상황들을 대비해서 듣는 연습을 해보기로 하자.

길을 물을 때 반드시 알아야 하는 질문 유형

1. **Where is** + 장소? = 직접적인 질문
2. **Do you know where** + 장소 + **is?** = 자연스러운 질문
3. **Is there a** + 장소? = 찾고자 하는 장소가 있는지 확실하지 않을 때
4. **Do you have** + 장소? = 찾고자 하는 장소가 있는지 확실하지 않을 때
5. **How do we get to** + 장소? = 찾고자 하는 장소가 있는지 확실할 때
6. **Which way is** + 장소? = 현재 위치에서 방향을 물어볼 때

'뉴욕의 대표 관광지' = 여기에 나오는 관광지들은 뉴욕을 방문하게 되면 반드시 한 번은 가봐야 할 추천 장소이다. 혹 미국 여행 중 뉴욕을 방문하게 되면 시간을 내서라도 꼭 들려보자.

- **MOMA (Museum of the Modern Arts)** : 뉴욕 현대 미술관.
- **Bedford Avenue** - 젊은이들이 많이 찾는 가로수길 같은 쇼핑 거리.
- **Central Park** - 명실상부 뉴욕을 대표하는 세계적인 공원.
- **Brooklyn Bridge Park** - 브루클린 다리 밑에 조성된 대규모 공원.
- **Top of the Rock** - 엠파이어 스테이트 빌딩과 어깨를 하는 또 하나의 전망대.
- **Times Square** - 24시간 불이 꺼지지 않는 뉴욕 맨하탄의 상징.

Let's 뉴욕 - 길묻기1 - 화장실 위치 묻기1

오늘의 리스닝 TIP

A : Sir, <u>do</u> you know where the restroom is?

B : I <u>believe</u> there're some restrooms <u>down</u> that way, in, at the Brooklyn ice cream.

A : **The** ice cream place?

B : Yep

A : Thank you, sir

➤ 강의를 들으면서 순서대로 쭉 따라오세요.

KEY STEP 1

Sir, <u>do</u> you know where the restroom is?

(원래 문장은 '**do you know**' 로 시작하는 것이 맞지만, 빨리 말할 때 앞에 '**do**'를 흘려서 발음하는 경우가 있다.)

KEY STEP 2

Sir, do you know where the restroom is?

A.P. 일반의문문에서는 주어와 동사의 위치가 바뀐다.

Where <u>is</u> <u>the restroom</u>? -> 직접적인 질문
     V   S

그러나 질문 앞에 'Do you know'가 앞에 나오면 주어, 동사 위치는 바뀌지 않는다.

<u>Do you know</u> where <u>the restroom</u> <u>is</u>? -> 나이스하고 좀 더 매너 있는 질문
                      S   V

KEY STEP 3

I believe there're some restrooms.

A.P. I believe = I think = (확실하지는 않지만) ~ 인 것 같아요.

KEY STEP 4

I believe there**'re** some restrooms.

(보통 회화에서 '**there are**'을 줄여서 **there're** 로 말하는 경우가 많다. 발음이 그냥 '**there**'과 유사하니 주의할 것.)

I believe there're some restrooms <u>down</u> that way, in, at the Brooklyn ice cream.

A.P down = '아래쪽'이라는 의미도 있지만, 회화에서 길안내할 때는 주로 '왔던 길로 되돌아가라'는 의미로 본다.

The ice cream place?

('the'가 모음(a/e/i/o/u) 앞에 오면 예외로 '디'라고 발음해야 맞지만, 실제 현지에 가보면 원어민 중에 실제 그렇지 않은 경우도 많다. 표준을 따라주는 것도 좋지만 너무 'the' 발음에 구애를 받을 필요는 없다.)

DIALOGUE REVIEW

1. 아래 원본 대화에서 주의해야 할 리스닝 TIP을 생각나는 대로 적어본다.
2. 원본을 들으면서 현지 상황의 전체 대화 뉘앙스와 의미를 복습해 본다.

A : Sir, do you know where the restroom is?

A : 저기, 화장실 어딘지 혹시 아시나요?

B : I believe there're some restrooms down that way, in, at *the Brooklyn ice cream*.

B : 저쪽에 보니 브루클린 아이스크림 가게에 화장실 있던 거 같은데요.

A : The ice cream place?

A : 아이스크림 가게요?

B : Yep

B : 네.

A : Thank you, sir

A : 감사합니다.

오늘의 리스닝 TIP

A : **Sir**, **is** there **a** restroom **a**round here?

B : Restroom?

A : Yes, sir

B : You go**tt**a go **a**round, behind, I go**tt**a go over there.

A : We're gonna follow you.

B : Thank you, sir

➡ 강의를 들으면서 순서대로 쭉 따라오세요.

KEY STEP 1

Sir, **is** there a restroom around here?

(회화에서 낯선 사람에게 말을 걸 때 문장 앞에 'Sir'을 붙이는 경우가 있다. 빨리 말할 경우 뒤에 나오는 단어와 연음이 되어서 혼동할 수 있음을 주의하자.)

KEY STEP 2

Sir, is there a restroom around here?

A.P Is there a ~ = 'There is a + 단수명사'의 의문문으로 '주어+동사'가 바뀌므로, 'Is there a ~' 형태가 된다.

KEY STEP 3

Sir, is there **a** restroom around here?

(문장에서 '**there a**'가 뭉치게 발음되므로, 뒤의 'a'는 거의 살짝만 들리거나 아예 들리지 않는다.)

KEY STEP 4

Sir, is there a restroom around here?

A.P 길 묻기를 할 때 = Where is the + 장소? = 찾고자 하는 장소가 있는지 확실할 때
Is there a + 장소? = 찾고자 하는 장소가 있는지 확실하지 않을 때
Do you have + 장소? = 찾고자 하는 장소가 있는지 확실하지 않을 때

Sir, is there a restroom **a**roun**d** here?

('**around**' 단어 앞 '**a**'는 그 앞의 알파벳 '**m**'과 연음, '**around**' 단어 뒤 '**d**'는 발음이 거의 안 돼서 뒤의 단어 '**here**'와 연음이 되어 3개의 단어가 합쳐져서 한 단어처럼 들릴 수 있다.)

You go**tt**a go around, behind,

('**tt**'는 회화상에서 약한 '**d**'나 '**ㄹ**'로 발음한다.)

A.P You 'gotta' = You 'got to' = You 'have got to' (~해야 한다.)
  * 친구들 봐야 해. = I gotta see my friends.
  * 내일까지 이 프로젝트 끝내야 해. = I gotta finish this project by tomorrow.

You gotta go **a**roun**d**, behind,

('**around**' 단어 앞 '**a**'는 그 앞의 단어 '**go**'과 연음, '**around**' 단어 뒤 '**d**'는 발음을 거의 안 한다.)

A.P around = 주의를 둘러싸면서 돌다.
  go around = '건물 뒤로 돌아가라'는 의미.

I go**tt**a go over there.

('**tt**'는 회화상에서 약한 '**d**'나 '**ㄹ**'로 발음한다.)

We're gonna follow you.

A.P follow = (물리적으로) 따르다, 따라가다. 혹은 진도나 책의 내용을 따라가다, 이해하다.
  * 미안, 지금 이해 못 했어. = Sorry, I can't follow this.
  * 이해가 돼? 잘 따라오고 있어? = Do you follow me?

DIALOGUE REVIEW

A : Sir, is there a restroom around here?

A : 저기요, 이 근처에 화장실 있나요?

B : Restroom?

B : 화장실이요?

A : Yes, sir.

A : 네.

B : You gotta go around, behind, I gotta go over there.

B : 건물 뒤쪽으로 돌아가셔야 해요. 저도 그쪽으로 가야하는데.

A : We're gonna follow you.

A : 저희가 따라갈게요.

B : Yup.

B : 그렇게 하세요.

A : Thank you, sir.

A : 감사합니다.

오늘의 리스닝 TIP

A : Excuse me sir, <u>where**'s**</u> the men's **s**ection?

B : Men's **is** on the <u>4**th**</u> floor.

A : 4**th** floor?

B : So, <u>two</u> more.

A : Ah, yeah.

➤➤ 강의를 들으면서 순서대로 쭉 따라오세요.

KEY STEP 1

Excuse me sir, <u>where**'s**</u> the men's section?

(원어민들은 회화상에서 '**where is**'보다 '**where's**'라고 줄여서 주로 발음한다.')

KEY STEP 2

Excuse me sir, where's <u>the men**'s s**ection?</u>

A.P the men's section = 남자용품 코너

KEY STEP 3

Men's **is** on the 4th floor.

(원어민들은 회화상에서 '**be**' 동사를 자세히 발음하지 않는다. 생략하는 경우도 있다.)

A.P men's = men's section = 남자들의 코너
   * man = 남자 (단수) / * men = 남자들 (복수) : 두 단어 다 발음은 같다.

KEY STEP 4

Men's is on the 4**th** floor.

A.P 1층 = 1st (first floor)
   2층 = 2nd (second floor)
   3층 = 3rd (third floor)
   4층 = 4th (fourth floor)

So, two more.

(보통 층을 말할 때는 서수로 표현한다. 만약 2층이라면, '**second floor**'가 맞을 것이다. 여기서 기수 즉 '**two**'로 발음한 이유는 '2개 층을 더 올라가라'는 의미이기 때문에 기수로 발음한 것이다.)

DIALOGUE REVIEW

1. 아래 원본 대화에서 주의해야 할 리스닝 TIP을 생각나는 대로 적어본다.
2. 원본을 들으면서 현지 상황의 전체 대화 뉘앙스와 의미를 복습해 본다.

A : Excuse me sir, where's the men's section?

A : 실례합니다, 남자용품 코너가 어디 있죠?

B : Men's is on the 4th floor.

B : 남자용품 코너는 4층에 있어요.

A : 4th floor?

A : 4층이요?

B : So, two more.

B : 네, 여기서 2층 더 올라가시면 돼요.

A : Ah, yeah.

A : 아, 네.

오늘의 리스닝 TIP

A : Excuse me, do you know **where** *the Museum of Modern Arts* **is**?

B : Yeah yeah, sure, it's uh 2 blocks over there, it's 53rd (fifty third)
between 5th and 6th. (fif**th an**d six**th**).

A : Perfect.

➤ 강의를 들으면서 순서대로 쭉 따라오세요.

KEY STEP 1

Excuse me, do you know **where** *the Museum of Modern Arts* is?

(원어민들은 '**where**'가 문장 중간에 나올 때, 명확히 발음을 안 하는 경우가 있다. 특히 뒤에 '**the**' 같은 관사가 나오면 서로 연음으로 발음해서 그냥 '월더'라고 작게 들릴 수 있으니 주의한다.)

KEY STEP 2

Excuse me, do you know where *the Museum of Modern Arts* **is**?

(원어민들은 '**be**' 동사를 명확히 발음하지 않고 거의 생략해서 발음하거나 작게 흘리듯이 발음한다.)

KEY STEP 3

it's uh 2 blocks over there,

A.P it = MOMA를의미함. 보통 어떤 장소의 거리를 말할 때는 'it'로 바꿔서 말한다.
 it's 2 blocks over there. = MOMA is 2 blocks over there.
  * 서울역이 2 블록 더 가면 나온다. = Seoul Station is 2 blocks over there.
                  = It is 2 blocks over there.

KEY STEP 4

it's uh 2 blocks over there, it's 53rd between 5th and 6th.

A.P 미국 도시는 보통 바둑판 형식으로 되어 있어서 소위 X축, Y축처럼 두 개의 좌표로만 말해도 위치를 금방 찾아낸다.
 참고로 서 있는 방향에서 가로축의 거리 번호를 먼저 말해주고, 그 다음 세로축의 거리 번호를 말해준다. X축, Y축을
 순서대로 말한다고 알아두면 된다. 단, 거리 번호는 서수로 말하는 것이 원칙이다.
 1. 가로축 : it's 53rd. (it's fifty third.) = 53번가
 2. 세로축 : between 5th and 6th. (between A and B : A 와 B 사이에)
    = between fifth and sixth = 5번가와 6번가 사이에

it's uh 2 blocks over there, it's fifty third between fif**th an**d six**th**.

(서수를 발음할 때 많은 숫자 뒤에 '**th**'를 붙인다. 이 발음이 명확히 들리지 않을 뿐 아니라 '**fifth and**' 이렇게 뒤에 또 다른 단어가 오면 연음이 돼서 한 단어처럼 뭉개져서 들림도 주의한다.)

it's uh 2 blocks over there, it's fifty third between fifth and sixth.

A.P 강의에서 나오는 MOMA의 위치.

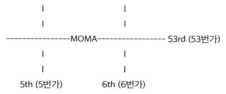

```
        |              |
        |              |
------------------MOMA----------------- 53rd (53번가)
        |              |
        |              |
    5th (5번가)     6th (6번가)
```

DIALOGUE REVIEW

1. 아래 원본 대화에서 주의해야 할 리스닝 TIP을 생각나는 대로 적어본다.
2. 원본을 들으면서 현지 상황의 전체 대화 뉘앙스와 의미를 복습해 본다.

A : Excuse me, do you know where *the Museum of Modern Arts* is?

A : 실례합니다, 뉴욕 현대 미술관(MOMA)이 어디에 있는지 아세요?

B : Yeah yeah, sure, it's uh 2 blocks over there, it's 53rd (fifty third) between 5th and 6th (fifth and sixth).

B : 네, 그럼요. 두 블록 가면 있는데요, 53번가에 위치해 있는데 5번가와 6번가 사이에 있어요.

A: Perfect.

A : 정확하시네요.

오늘의 리스닝 TIP

A : Excuse me, do you guys know **where** *Bedford Avenue* is?

B : I'm looking for it.

A : You're looking for it, too?

B : Yeah, I have been here tons of times. Yeah! it's uh one block away.

A : That way, maybe.

B : No, no, pretty sure.

A : Pretty sure?

B : Thank you, guys

A : Yeah, no worries.

➤ 강의를 들으면서 순서대로 쭉 따라오세요.

KEY STEP 1

Excuse me, do you guys know where *Bedford Avenue* is?

(문장 앞의 'do' 조동사는 발음할 때 빠르게 흘리듯이 말해서 거의 들리지 않는다.)

A.P guys = 뒤에 복수가 나온 걸로 보아 두 명 이상에게 물어보고 있는 상황으로 파악된다.

KEY STEP 2

Excuse me, do you guys know **where** *Bedford Avenue* is?

(원어민들은 'where'가 문장 중간에 나올 때, 명확히 발음을 안 하는 경우가 있다. 여기서는 앞에 'know'라는 동사와 연음으로 발음이 되어서 그냥 '노월'이라고 발음됨을 주의한다.)

KEY STEP 3

I'm looking for it.

A.P 관광지에서 길을 물어볼 때 오히려 원주민이 아닌, 관광객에게 길을 물어보게 되는 경우가 있다. 서로 익숙하지 않은 상황이기 때문에, '나도 잘 모른다.' 거나 '나도 찾고 있는 중이다.'라는 식의 대답을 들을 수도 있으니 당황하지 말자.

I have been here tons of times.

(원어민들은 빨리 말할 때 맨 앞의 주어 'I' 발음을 명확하게 하지 않는다. '아이'라고 명확하게 하지 않다 보니 뒤의 동사부터 들리는 경우가 많다.)

I have been here <u>tons of times</u>.

A.P tons of times = 엄청 자주 > many, much

Yeah! <u>it</u>'s uh one block away.

A.P 거리를 나타낼 때 'it'를 주어로 사용하며, 뒤의 'away'는 '여기서부터 쭉 ~만큼 가야 한다'는 의미이다.

That way, <u>maybe</u>.

A.P maybe = 아마도, 혹시 (확신이 없는 상황일 때 쓰는 표현이다)

No, no, <u>pretty sure</u>.

A.P pretty sure = '정말 확신한다'라는 의미이다. 단어 반드시 암기!

Yeah, no <u>worries</u>.

A.P 보통 'Thank you' 감사하다는 표현을 했을 때 대답으로 많이 쓰는 표현

You're welcome = No worries = No problem = 천만에요.

* No worries = 자연스러운 표현 **O**

* No worry = 부자연스러운 표현 **X**

* Don't worry = 자연스러운 표현 **O**

DIALOGUE REVIEW

1. 아래 원본 대화에서 주의해야 할 리스닝 TIP을 생각나는 대로 적어본다.
2. 원본을 들으면서 현지 상황의 전체 대화 뉘앙스와 의미를 복습해 본다.

A : Excuse me, do you guys know where *Bedford Avenue* is?

A : 실례합니다, 혹시 베드포드 아베뉴가 어디인지 아세요?

B : I'm looking for it.

B : (핸드폰 구글맵을 바라보다가) 저도 찾고 있는 중이거든요.

A : You're looking for it, too?

A : 마찬가지로 찾고 계시는 거예요?

B : Yeah, I have been here tons of times. Yeah! it's uh one block away.

B : 네, 근데 제가 여기 엄청 많이 와서요. (구글 맵에서 드디어 찾은 듯) 아, 여기서 대략 한 블록만 가면 있어요.

A : That way, maybe.

A : 아마 저쪽일 거라는 말씀이죠?

B : No, no, pretty sure.

B : 아니요, 진짜 확실해요.

A : Pretty sure?

A : 진짜 확실해요?

B : Thank you, guys.

B : 감사합니다.

A : Yeah, no worries.

A : 네, 천만에요.

귀빵 왕초보

오늘의 리스닝 TIP

A : Do you guys know **what** street thi**s is**?

B : Pardon?

A : Do you know what street this is?

B' : Yes.

B' : *Central park street*.

A : This is *Central park street* right here?

B' : This one here. Shoul**d** be.

A : Oh, thanks. I ho**pe** so.

➤ 강의를 들으면서 순서대로 쭉 따라오세요.

KEY STEP 1

Do you guys know what street this is?

A.P Do you guys know? (사람들에게 길을 물어볼 때 많이 사용하는 표현이다.) 〔문장 반드시 암기!〕

KEY STEP 2

Do you guys know **what** street thi**s is**?

(문장 중간 'what' 앞에 'know'라는 단어가 와서 뒤의 'what'이 살짝 안 들려서 한 단어처럼 '노왓'으로 들릴 수 있다. 뒤의 'this is'도 같이 발음해서 'this'의 's'와 뒤에 위치한 'is'가 연음으로 발음이 된다.)

KEY STEP 3

Do you guys know what street this is?

A.P 'what'과 'which'의 차이 = '선택할 수 있는 것이 있는지 없는지'의 차이가 있다.
* what street = 선택지가 없는 것.
= 넌 어떤 색을 좋아해? = What color do you like?
* which street = 선택지가 있는 것. = 주어진 선택 사항들 중에서 고르게 되는 것.
= (여러 색 중에서) 어떤 색이 좋아? = Which color do you like?

Pardon?

A.P 상대방의 대화를 잘 못 들었을 때 '한 번 더 말씀해주실래요?'라고 할 때

* pardon? = 영국식 표현
* sorry? = 미국식 표현

This is Central park street <u>right here</u>?

A.P right here = 바로 여기

This one here. <u>Should</u> be.

('**should**' 나 '**would**'처럼 단어 끝에 '**d**'로 끝나는 경우 '**d**' 발음을 하지 않고, 그대로 받침발음을 해준다. **should** = '슛', **would** = '웃')

This one here. <u>Should be.</u>

A.P Should be = **It** <u>should be</u> Central park street here.
앞의 주어 '**It**'를 생략한 문장으로 '확실히~이어야 한다'로 해석해 주면 된다.

I ho**pe** so.

('**hope**' 단어 뒤에 '**pe**' 발음은 크게 발음하지 않고 받침발음 해준다.) 문장 반드시 암기!

DIALOGUE REVIEW

1. 아래 원본 대화에서 주의해야 할 리스닝 TIP을 생각나는 대로 적어본다.
2. 원본을 들으면서 현지 상황의 전체 대화 뉘앙스와 의미를 복습해 본다.

A : Do you guys know what street this is?

A : (지도를 가리키면서) 여기가 무슨 거리인지 아시나요?

B : Pardon?

B : 네?

A : Do you know what street this is?

A : (지도를 보여주면서) 무슨 번가인지 아세요?

B : Yes.

B : 네.

B : *Central park street*.

B : 센트럴파크 거리예요.

A : This is *Central park street* right here?

A : 지금 여기가 바로 센트럴파크 거리인가요?

B : This one here. Should be.

B : 이 거리요. 확실히 그럴 거예요.

A : Oh, thanks. I hope so.

A : 아, 감사합니다. 저도 그랬으면 좋겠네요.

오늘의 리스닝 TIP

A : Do you know where 58**th** and 59**th is**?

B' : Yes, that's the two next ones.

A : The two next ones? Thank you.

➤ 강의를 들으면서 순서대로 쭉 따라오세요.

KEY STEP 1

Do you know where 58**th** and 59**th is**?

(거리를 말할 때는 서수로 말하는 것이 원칙이라 주로 숫자 뒤에 '**th**'를 붙이는데 '59**th is**'처럼 뒤의 단어와 연음으로 많이 발음한다.)

KEY STEP 2

Do you know where 58th and 59th is?

A.P. Do you know where 58th and 59th are? ✕

Do you know where 58th and 59th is? ◉

'A and B'로 복수 취급을 하는 것이 아니라, '58번가'와 '59번가'가 거리가 각각 따로 떨어져 있으므로, 뒤에 동사는 각각 단수 취급을 해주는 의미에서 'are'가 아니라, 'is'가 맞다.

KEY STEP 3

Yes, that's the two next ones.

A.P. that's = that is = 59th and 59th is

ones = blocks

DIALOGUE REVIEW

1. 아래 원본 대화에서 주의해야 할 리스닝 TIP을 생각나는 대로 적어본다.
2. 원본을 들으면서 현지 상황의 전체 대화 뉘앙스와 의미를 복습해 본다.

A : Do you guys know what street this is?

A : (지도를 가리키면서) 여기가 무슨 거리인지 아시나요?

B : Pardon?

B : 네?

A : Do you know what street this is?

A : (지도를 보여주면서) 무슨 번가인지 아세요?

B' : Yes.

B' : 네.

B' : *Central park street*.

B' : 센트럴파크 거리예요.

A : This is *Central park street* right here?

A : 지금 여기가 바로 센트럴파크 거리인가요?

B' : This one here. Should be.

B' : 이 거리요. 확실히 그럴 거예요.

A : Oh, thanks. I hope so.

A : 아, 감사합니다. 저도 그랬으면 좋겠네요.

A : Do you know where 58th and 59th is?

A : 혹시 58번가와 59번가가 어디인지는 아시나요?

B' : Yes, that's the two next ones.

B' : 네, 두 블록 다음에 있어요.

A : The two next ones? Thank you.

A : 두 블록 다음에요? 감사합니다.

오늘의 리스닝 TIP

A : So you <u>work for</u> the par**k**?

B : Yes sir.

A : This is *Brooklyn bridge park*, right?

B : **All of** these.

A : **All of** these.

B : We'**ve** got 6 parks.

A : 6 parks!

B : This is <u>Pier1</u>. We'**ve** got <u>all **the** way</u> to Pier 6.

A : Okay, wow. Thank you, sir, <u>I appreciate it</u>.

B : You're welcome.

➤ 강의를 들으면서 순서대로 쭉 따라오세요.

KEY STEP 1

So you <u>work for</u> the par**k**?

('**park**' 단어 뒤에 '**k**' 발음도 '크'라고 하지 않고 받침발음처럼 발음한다.)

A.P work for + 직장 = ~에서 근무하다.

KEY STEP 2

All of these.

('**all of**'가 연음이 되며, '**of**'의 '**f**' 발음도 단어 끝이라 명확히 발음하지 않아 '올러디즈'로 들린다.)

A.P all of these = 여기 전부 다

KEY STEP 3

We'**ve** got 6 parks.

('**We've**'에서 마찬가지로 '**ve**' 발음은 거의 하지 않는다.)

This is Pier1.

A.P. Pier = 선착장

We'**ve** got all the way to Pier 6.

('**We've**'에서 마찬가지로 '**ve**' 발음은 거의 하지 않는다.)

We've got all **the** way to Pier 6.

('**the**'가 문장 중간에 있을 때 앞의 단어와 연음이 돼서 '**the**'라고 명확히 발음하지 않는다.)

A.P. all the way = 가던 길이나 가고 있는 길 전부, 혹은 어떤 상황의 처음부터 끝

    * I walked all the way home. = 나는 처음부터 집까지 쭉 걸어왔다.

    * She cried all the way home. = 그녀는 집으로 오는 길 내내 울었다.

    * I drove all the way from home to school. = 나는 집에서 학교까지 쭉 운전해서 갔다.

Thank you, sir, I appreciate it.

A.P. I appreciate it = 'thank you' 보다 좀 더 격식 있는 표현. 문장 반드시 암기!

    * appreciate + 상황 **O** / 사람 **X**

    * I really appreciate it. = 너무 고맙습니다.

    * I appreciate you. **X**

DIALOGUE REVIEW

1. 아래 원본 대화에서 주의해야 할 리스닝 TIP을 생각나는 대로 적어본다.
2. 원본을 들으면서 현지 상황의 전체 대화 뉘앙스와 의미를 복습해 본다.

A : So you <u>work for</u> the park?
A : 여기 공원에서 일하세요?

B : Yes sir.
B : 네.

A : This is *Brooklyn bridge park*, right?
A : 여기가 브루클린 브리지 파크 맞죠?

B : <u>**All of** these</u>.
B : 여기 전부 다예요.

A : <u>**All of** these</u>.
A : 전부 다요?

B : We'**ve** got 6 parks.
B : 여기에 6개의 공원이 있어요.

A : 6 parks!
A : 6개나요!

B : This is Pier1. We'**ve** got <u>all **the**</u> way to Pier 6.
B : 여기가 1번 선착장이고, 쭉 가면 6번 선착장까지 나와요.

A : Okay, wow. Thank you, sir, <u>I appreciate it</u>.
A : 와 대단하네요. 정말 감사해요.

B : You're welcome.
B : 천만에요.

오늘의 리스닝 TIP

A : How are you doing today, sir?

B : Hello!

A : A quick question for you. How do we get to *The top*?

B : *Top of the rock*?

A : *Top of the rock*, yeah.

B : Downstairs on that side.

A : Downstairs on that side?

B : Yes, tha**t's where** the elevator dec**k is**.

A : Alright, appreciate it.

B : Yep, no problem.

➡ 강의를 들으면서 순서대로 쭉 따라오세요.

KEY STEP 1

How are you doing today, sir?

(원래 문장 'How are you doing today, sir?'에서 보통 'be'동사 'are'을 생략하고 발음한다.)

KEY STEP 2

A quick question for you.

A.P 간단히 물어볼 때 쓰는 관용적인 문장으로 앞의 '주어+동사'가 생략되었다고 보면 된다. 문장 반드시 암기!

I've got a quick question for you.

I have a quick question.

KEY STEP 3

How do we get to *The top*?

A.P 장소를 물을 때 쓰는 표현

1. Do you know where + 장소 + is?　(Do you know where Smorgasburg is?)

2. Where is + 장소?　(Where is the men's section?)

3. Is there a + 장소?　(Is there a restroom around here?)

4. How do we get to + 장소?　(How do we get to the top?)

A.P The top = The top of the rock. (뉴욕 맨해튼에 있는 전망대 이름)

81

Downstairs, <u>on that side.</u>

A.P downstairs = 아래층, 아래로 가는 계단
A.P on that side = 저쪽, 저쪽으로

Yes, tha**t's where** the elevator deck is.

(문장 앞에서 '**that is**'를 보통 '**that's**'로 발음한다.)

(원어민들이 문장 상에서 '**where**' 발음은 명확히 하지 않고, 앞의 단어와 연음이 되기 때문에 리스닝에 주의한다.)

Yes, that's where the elevator dec**k is.**

A.P the elevator deck = 엘리베이터가 있는 공간, 장소
(뒤의 'be' 동사도 크게 발음되지 않고 앞의 단어와 연음이 돼서 발음된다.)

DIALOGUE REVIEW

1. 아래 원본 대화에서 주의해야 할 리스닝 TIP을 생각나는 대로 적어본다.
2. 원본을 들으면서 현지 상황의 전체 대화 뉘앙스와 의미를 복습해 본다.

A : How you doing today, sir?

A : 안녕하세요.

B : Hello!

B : 안녕하세요.

A : A quick question for you. How do we get to *The top*?

A : 질문 있는데요, '탑 오브 더 락'으로 가려면 어떻게 가야 하죠?

B : *Top of the rock*?

B : '탑 오브 더 락'이요?

A : *Top of the rock*, yeah.

A : 네, '탑 오브 더 락'이요.

B : Downstairs on that side.

B : 저쪽 아래층으로 가세요.

A : Downstairs on that side?

A : 저쪽 아래층이요?

B : Yes, that's where the elevator deck is.

B : 네 거기에 엘리베이터가 있어요.

A : Alright, appreciate it.

A : 알겠습니다. 감사합니다.

B : Yep, no problem.

B : 네, 천만에요.

오늘의 리스닝 TIP

A : Excuse me sir, <u>which way</u> is *Times Square*?

B : You have to <u>go down</u>.

A : Yeah.

B : <u>Not too much</u>, **a**bou**t two** ⓞⓡ three blocks and <u>take a right</u>,

and **then you'll j**ust <u>run into</u> it.

A : Thank you so much.

➤ 강의를 들으면서 순서대로 쭉 따라오세요.

KEY STEP 1

Excuse me sir, <u>which way</u> is *Times Square*?

A.P which way = 어느 방향으로 가야 하나요? (근처까지 왔는데 어느 방향인지 물어볼 때) `문장 반드시 암기!`

KEY STEP 2

You have to <u>go down</u>.

A.P go down = '오던 길로 다시 가라'는 의미. 여기서 'down'은 '아래'라는 의미가 아니라 '오던 길을 다시 간다'는 의미이다.

KEY STEP 3

Not too much,

A.P Time Square is <u>not too much</u> far from here. = 'Not too much' = 대화상에서 간단히 줄인 표현

KEY STEP 4

Not too much, **a**bou**t two** ⓞⓡ three blocks and take a right,

(단어 '**about**' 앞의 '**a**'는 보통 그 앞의 다른 단어와 연음이 많이 일어나서 정확히 '**a**' 발음이 나지 않는다. 또한 '**about**' 뒤의 '**t**'도 받침 발음을 하는데 뒤에 '**two**'라는 단어와 연음이 돼서 '어바웃투'처럼 연결돼서 발음된다.)

A.P Not too much, about two or three blocks and take a right, = 표현상 임의로 'or'을 생략했다.

KEY STEP 5

Not too much, about two, three blocks and <u>take a right</u>,

A.P take a right = (운전하거나 길을 가는 중에) 우회전하다. = turn right

---

and then you'll just run into it.

A.P run into = 우연히 마주하다, 맞닥뜨리다.

* I ran into my ex-boyfriend at the theater. = 나는 전 남자친구를 극장에서 우연히 만났다.

and **then you'll j**ust run into it.

(우리가 리스닝에서 가장 안 들리는 단어 중에 하나가 '**then**'이라는 단어인데, 특히 이렇게 앞에 '**and then**' 단어가 연결되면 명확히 '**and then**'으로 구별하기 어렵다.)

('**you will**'을 줄여서 '**you'll**'로 발음하기 때문에 '율'이라고 발음되며, 뒤의 '**just**'와 발음이 충돌해서 다른 단어처럼 들릴 수 있다.)

DIALOGUE REVIEW

1. 아래 원본 대화에서 주의해야 할 리스닝 TIP을 생각나는 대로 적어본다.
2. 원본을 들으면서 현지 상황의 전체 대화 뉘앙스와 의미를 복습해 본다.

A : Excuse me sir, which way is *Times Square*?

A : 실례하지만, 타임스스퀘어는 어느 방향으로 가죠?

B : You have to go down.

B : (본인이 오던 길을 가리키며) 이쪽 방향으로 가셔야 해요.

A : Yeah.

A : 네.

B : Not too much, about two, three blocks and take a right, and then you'll just run into it.

B : 멀지 않아요. 대략 두세 블록가시다가 우회전 하시면, 바로 있을 거예요.

A : Thank you so much.

A : 정말 감사합니다.

 기차역 티케팅 할 때의 대화

WEAK POINT

한국과 마찬가지라고 생각해보자. 기차역에서 표를 끊을 때는 직접 대면으로 표를 끊지 않고, 역무원은 부스 안에 있고 주로 마이크로 나에게 물어볼 것이기 때문에 소리가 울려서 들리거나, 너무 크게 들려 당황하는 경우가 있다. 하루에도 행선지나 출발 시간 등을 여러 번 말하는 분들이라 다소 기계적으로 말할 수 있어 또박또박 들리지 않는 경우가 있음을 명심하자.

기차표를 끊을 때 예상되는 질문 순서

1. 신분증이 있는지 여부
2. 몇 사람이 타는 지 여부
3. 행선지가 어디인지 여부
4. 몇 시에 출발하기를 원하는 지 여부
5. 결제 금액과 방법에 대한 요청
6. 트랙 어디에서 타야 하는지 알림

오늘의 리스닝 TIP

B : Hi.

A : Hi.

B : Bo**th or** jus**t** him?

A : Him.

B : Okay.

A : **Can I get** the ticket for *Amtrack*?

B : Yeah, **Where** do you wanna go?

A : Ah, *Penn station*?

B : New York?

A : To New York. Yes.

B : **When**? Now?

A : Yeah what umm··· What is the earliest time to depart?

B : 3:20.

A : 3:20?

➤ 강의를 들으면서 순서대로 쭉 따라오세요.

KEY STEP 1

Bo**th or** jus**t** him?

A.P both = 둘 다

(첫 번째 단어 'both or'에서 'or'은 앞 단어와 연음이 돼서 많이 뭉쳐져서 발음이 된다. 따라서 발음이 거의 '보쌀' 이 렇게 들린다. 'just'에서 's' 다음에 't'는 거의 발음을 하지 않는다.)

A.P (역무원이 물어볼 때) 누가 여행하는 건가요? = Who's travelling?

KEY STEP 2

Can I get the ticket for Amtrack?

A.P Can I get ~ : ~ 주실래요?

A.P Amtrack : 미국 대륙 횡단 열차

KEY STEP 3

Yeah, **Where** do you wanna go?

A.P. Where do you wanna go? : 어디로 가시려고 하시는데요?

(When / Where / What = wh-절은 원어민들이 발음을 할 때 지나치듯이 발음하는 경우가 많다.)

KEY STEP 4

Ah, *Penn station*?

A.P. Penn station = 뉴욕 맨해튼 중심부에 위치한 철도역.

KEY STEP 5

When? Now?

(When = wh-절은 원어민들이 발음을 할 때 지나치듯이 발음하는 경우가 많다. 발음 '**one**'과 혼동할 수 있다.)

KEY STEP 6

What is the earliest time to depart?

A.P. '몇 시' 라고 시간을 나타낼 때는 항상 'what'을 사용한다.

A.P. early (일찍) – earlier (더 일찍) – the earliest (가장 빠른)

A.P. depart = 떠나다

KEY STEP 7

3:20.

('시간'과 '분'은 각각 잘라서 발음한다 = 3:20 = **three twenty**)

DIALOGUE REVIEW

1. 아래 원본 대화에서 주의해야 할 리스닝 TIP을 생각나는 대로 적어본다.
2. 원본을 들으면서 현지 상황의 전체 대화 뉘앙스와 의미를 복습해 본다.

B : Hi.

B : 안녕하세요.

88

귀빵 왕초보

A : Hi.

A : 네 안녕하세요.

B : Both or just him?

B : 두 분 다 가시나요? 남자분만 가시나요?

A : Him.

A : 남자분만요.

B : Okay.

B : 네.

A : Can I get the ticket for *Amtrack*?

A : 암트랙(*Amtrack*) 기차표 주세요.

B : Yeah, Where do you wanna go?

B : 네. 어디로 가시는 건가요?

A : Ah, *Penn station*?

A : 펜실베이나역이요. (*Penn station*)

B : New York?

B : 뉴욕이요?

A : To New York. Yes.

A : 네, 뉴욕행이요.

B : When? Now?

B : 언제 가세요? 지금 가세요?

A : Yeah what umm··· What is the earliest time to depart?

A : 음, 몇 시 기차가 가장 빨리 출발하는 건가요?

B : 3:20.

B : 3시 20분이요.

A : 3:20?

A : 3시 20분이요?

오늘의 리스닝 TIP

A : Okay. Can I get uh one ticket?

B : Sure. <u>Is uh</u> **101**.

A : Alright.

A : Do you **accept** the credit card?

B : Yes, we <u>do</u>.

A : Thank you.

B : You're welcome. <u>Track</u> 8.

A : Alright.

B : The train <u>is leaving</u>. Okay? <u>In</u> 10 minutes.

A : Alright. Thank you.

➤ 강의를 들으면서 순서대로 쭉 따라오세요.

KEY STEP 1

Sure. <u>Is uh</u> **101**.

(**The ticket <u>is uh</u>** 101.= **Is uh** 101. 굳이 일상적인 회화에서는 주어를 크게 신경써서 발음하지 않는다.)

('101 = **One O One**' 처럼 숫자를 발음 할 때는 자릿수보다는 각각 한 자리씩 발음해 주는 경우가 더 많다.)

KEY STEP 2

Do you **accept** the credit card?

('**accept**' 단어 발음할 때 '억셉트'라고 하지만, '익셉트'로 들리는 경우도 있음을 주의한다.)

A.P accept the credit card = (결제할 때) 신용카드로 받다. 문장 반드시 암기!

KEY STEP 3

Yes, we do.

A.P Yes, we <u>do</u>. = Yes, we <u>accept</u> the credit card.
(회화할 때 동사를 길게 말하지 않으려고 '대동사(대신 말하는 동사)'를 사용한다.

귀빵 왕초보

KEY STEP 4

You're welcome. Track 8.

A.P track = 기차역 구간을 알려주는 표현.

KEY STEP 5

The train <u>is leaving</u>. Okay? In 10 minutes.

A.P 미래 대용 어구 = be + ~ing (현재 진행형 뿐만 아니라 미래의 의미로도 사용된다.)
* will = 즉흥적인 미래.
* be + ~ing = ~하기로 되어 있는 미래.

KEY STEP 6

The train is leaving. Okay? <u>In</u> 10 minutes.

A.P in + 시간 = 시간이 ~ <u>지나면</u>. (절대 '~안에'라고 해석하지 말자.)
* in 10 minutes. = 10분 지나서 **◎** 10분 안에 **⊗**

DIALOGUE REVIEW

1. 아래 원본 대화에서 주의해야 할 리스닝 TIP을 생각나는 대로 적어본다.
2. 원본을 들으면서 현지 상황의 전체 대화 뉘앙스와 의미를 복습해 본다.

B : Hi.
B : 안녕하세요.

A : Hi.
A : 네 안녕하세요.

B : Both or just him?
B : 두 분 다 가시나요? 남자분만 가시나요?

A : Him.
A : 남자분만요.

B : Okay.
B : 네.

A : Can I get the ticket for *Amtrack*?

A : 암트랙(*Amtrack*) 기차표 주세요.

B : Yeah, Where do you wanna go?

B : 네. 어디로 가시는 건가요?

A : Ah, *Penn station*?

A : 펜실베이나역이요. (*Penn station*)

B : New York?

B : 뉴욕이요?

A : To New York. Yes.

A : 네, 뉴욕행이요.

B : When? Now?

B : 언제 가세요? 지금 가세요?

A : Yeah what umm··· What is the earliest time to depart?

A : 음, 몇 시 기차가 가장 빨리 출발하는 건가요?

B : 3:20.

B : 3시 20분이요.

A : 3:20?

A : 3시 20분이요?

A : Okay. Can I get uh one ticket?

A : 좋아요, 티켓 1개 주세요.

B : Sure. Is uh 101.

B : 그러죠. 101불이에요.

A : Alright.

A : 네.

A : Do you accept the credit card?

A : 신용카드도 받나요?

B : Yes, we do.

B : 네.

A : (결제를 마친 후) Thank you.

A : 감사합니다.

B : You're welcome. Track uh 8.

B : 천만에요. 아 8번 구간이에요.

A : Alright.

A : 네.

B : The train is leaving. Okay? In 10 minutes.

B : 기차가 곧 떠날 거거든요? 10분 지나서요.

A : Alright. Thank you.

A : 네. 감사합니다.

 # 전화 예약할 때의 대화

영어 회화 중에서 전화 대화가 가장 어려운 이유는,

- 상대방은 내가 영어에 익숙하지 않은 외국인인지 전혀 모른다.
- 주로 전화 응대를 하는 분들이라 기계적인 대화를 하는 경우가 많다.
- 같은 내용의 대화를 계속 반복하는 직업이라 말 자체가 빠르다.
- 대면으로 하는 대화 표현과 전화에서 사용하는 표현이 다르다.

왕초보 단계에서는 기초적인 리스닝을 위해 전화 예약에 필요한 가장 기초적인 전화 응답기 내용과 상담사와 전화 연결 단계까지 공부하기로 한다.

오늘의 리스닝 TIP

Auto : Your <u>call</u> can not be <u>comple**t**ed</u> **as d**ialed.

Auto : Please check the number **and d**ial again.

➤➤ 강의를 들으면서 순서대로 쭉 따라오세요.

KEY STEP **1**

Your <u>call</u> can not be completed as dialed.

A.P call = 부르다 / 전화하다 / 전화 / 통화

KEY STEP **2**

Your call can not be <u>comple**t**ed</u> as dialed.

A.P complete = 완성하다, 마치다
* be completed = 완성되다, (전화가) 연결되다 : 수동형
('completed' 중간에 't'는 '트'로 강하게 발음되지 않고 약하게 'd'로 발음된다.)

KEY STEP **3**

Your call can not be completed **as d**ialed.

(두 개의 단어가 연음이 돼서 전혀 생소한 단어처럼 들릴 수 있다. 'as' 단어가 뒤에 오는 단어와 그런 경우가 많으니 주의한다.)

A.P as = ~로는, dial = 전화를 하다.
* as dialed = 전화하신 번호로는

KEY STEP **4**

Please check the number **and d**ial again.

('**and**' 발음도 뒤의 '**d**'는 '**n**' 다음에 오기 때문에 '**d**' 발음이 명확히 안 됨을 주의한다.)

A.P dial = 전화하다. (전화를 하기 위해 버튼을 누르다, 다이얼을 돌리다.)

DIALOGUE REVIEW

1. 아래 원본 대화에서 주의해야 할 리스닝 TIP을 생각나는 대로 적어본다.
2. 원본을 들으면서 현지 상황의 전체 대화 뉘앙스와 의미를 복습해 본다.

Auto : Your call can not be completed as dialed.

Auto : 전화하신 번호로는 전화 연결을 할 수가 없습니다.

Auto : Please check the number and dial again.

Auto : 번호를 확인하시고 다시 전화해 주시기 바랍니다.

오늘의 리스닝 TIP

Auto : Thank you for calling *Noble downtown*.

Auto : Please hold **and** your call **will** be answered as soon as possible.

O : This is Natalie. Can you hold a moment please?

B : Sure, take your time.

➤➤ 강의를 들으면서 순서대로 쭉 따라오세요.

KEY STEP 1

Thank you for calling Noble downtown.

A.P Thank you for calling ~ = ~에 전화해 주셔서 감사합니다.

KEY STEP 2

Please hold and your call will be answered as soon as possible.

A.P hold = 잡다, 쥐다, 끊지 말고 기다리다.

KEY STEP 3

Please hold and your call will be answered as soon as possible.

A.P as soon as possible = 가능한 빨리 = ASAP

KEY STEP 4

Please hold **and** your call **will** be answered as soon as possible.

('**and**' 단어 뒤의 '**d**'는 뒤의 단어와 연음이 잘 됨을 주의한다. '**will**' 조동사 또한 원어민들이 발음할 때 명확하게 발음하지 않는다.)

KEY STEP 5

This is Natalie. Can you hold a moment please?

A.P This is ~ : 저는 ~입니다. 전화 통화에서는 절대 'I am'이라고 하지 않는다. 문장 반드시 암기!

This is Natalie. Can you <u>hold</u> a moment please?

A.P hold = 잡다, 쥐다, 끊지 말고 기다리다.

Sure, take your time.

A.P Take your time. = 천천히 하세요. 문장 반드시 암기!

DIALOGUE REVIEW

1. 아래 원본 대화에서 주의해야 할 리스닝 TIP을 생각나는 대로 적어본다.
2. 원본을 들으면서 현지 상황의 전체 대화 뉘앙스와 의미를 복습해 본다.

Auto : Thank you for calling *Noble downtown*.

Auto : *Noble downtown*에 전화해 주셔서 감사드립니다.

Auto : Please hold and your call will be answered as soon as possible.

Auto : 끊지 말고 잠시만 기다리시면 가급적 빨리 응답해 드리겠습니다.

O : This is Natalie. Can you hold a moment please?

O : 저는 Natalie입니다. 조금만 기다려 주시겠어요?

B : Sure, take your time.

B : 물론이죠. 천천히 하세요.

택시 이용할 때의 대화

WEAK POINT

해외에서는 택시를 이용하게 되는 경우가 상황마다 다르다. 특히나 미국의 택시는 운전자와 손님 사이에 보호 격막이 설치되어 있어 크게 말하지 않으면, 각종 라디오 소리와 섞여 의사 소통이 쉽지 않다.

1. 공항에서 택시를 잡는 경우 – 현지에 발을 디딘 후 가장 먼저 대화하는 현지인이 기사가 될 가능성이 높다. 오히려 현지인과 오랫동안 대화할 수 있는 기회임을 명심하자.

   - 택시 스탠드에 서 있기만 하면 자동으로 내 앞으로 택시가 온다.
   - 공항에서 택시를 탈 경우는 기사가 관광객에 대한 준비가 되어 있다.
   - 짐이 많기 때문에 '트렁크 열어달라'는 문장은 반드시 알아둔다.

2. 길에서 택시를 잡는 경우 – 우선 택시 잡는 데 상당히 노력을 해야 한다.

   - 공항과 달리 길에서 택시 스탠드를 찾아야 한다.
   - 목적지까지 정확히 주소를 말해야 한다.
   - 미국 택시 기사들은 주소를 말할 때 거리 번호를 '기수'로 간편하게 말한다는 것도 참고한다.

3. 호텔에서 택시를 잡는 경우 – 택시 잡는 데 상대적으로 수월하다.

   - 호텔 프론트나 벨맨(BELLMAN)에게 직접 택시 호출을 부탁한다.
   - 미국의 경우는 택시를 호출한 후, 벨맨(BELLMAN)에게 TIP 주는 것을 잊지 않는다.

오늘의 리스닝 TIP

A : Can you open the trunk please?

A : How're you doing today, sir?

B : Good.

A : Maybe that si**de** wi**ll** have a li**tt**le bit more room.

A : Oh yes, like magic. Fits like a glove.

A : *Central park, Excelsior hotel.*

➤➤ 강의를 들으면서 순서대로 쭉 따라오세요.

KEY STEP 1

A.P. 공항에서 택시를 잡는 상황의 특징
   1. 택시 스탠드가 있어서 기다리고 있으면 택시가 앞에 자동으로 선다.
   2. 택시 기사가 이미 내가 관광객인 줄 알기 때문에 영어가 서툴러도 준비가 되어 있다.
   3. 실어 날라야 하는 짐이 있다.

KEY STEP 2

Can you open the trunk please?

A.P. open the trunk = 트렁크를 열다.   문장 반드시 암기!

KEY STEP 3

How're you doing today, sir?

A.P. 공항에서 기사가 트렁크를 열어 주기 위해 내린 상황이라 자연스럽게 인사한다. 보통은 하지 않음.

KEY STEP 4

Maybe that si**de** will have a little bit more room.

('**that side**' 뒤의 '**de**'는 발음이 살짝 약하게 들릴 수 있다.)

KEY STEP 5

Maybe that side will have a little bit more room.

A.P. room = 방 / 공간(스페이스) / 장소(스팟)

Maybe that side **w̲i̲l̲l̲** have a little bit more room.

('will'같은 조동사는 문장 상에서 거의 발음이 들리지 않는다. 그러나 주어가 'that side'인데 동사가 3인칭 단수인 'has'가 오지 않고 'have'가 온 것은 앞에 조동사 'will'이 있다고 추정할 수 있으며, 앞에 'maybe = 어쩌면'이라는 단어가 있다는 것도 문장이 미래 의미라는 것을 추론할 수 있는 증거이다.)

Maybe that side will have <u>a little bit</u> more room.

A.P. a little bit = 조금 더, 조금('little'에서 단어 중간의 'tt'는 발음이 거의 약한 'd'로 발음된다.)

<u>Fits like a glove</u>.

A.P. (It) fits like a glove. = 딱 맞다, 안성맞춤이다. (보통 주어 'it'를 생략하기도 한다.)

DIALOGUE REVIEW

1. 아래 원본 대화에서 주의해야 할 리스닝 TIP을 생각나는 대로 적어본다.
2. 원본을 들으면서 현지 상황의 전체 대화 뉘앙스와 의미를 복습해 본다.

A : Can you open the trunk please?

A : 트렁크 좀 열어주시겠어요?

A : How're you doing today, sir?

A : (기사가 내리자) 안녕하세요.

B : Good.

B : (내린 기사가 트렁크를 연다.) 네.

A : Maybe that side will have a little bit more room.

A : (열린 트렁크를 바라보며) 아마, 저쪽에 공간이 좀 있을 거 같네요.

A : Oh yes, like magic. Fits like a glove.

A : (짐을 넣고) 아 그래요, 정말 좋아요. 딱 맞네요.

A : *Central park, Excelsior hotel.*

A : 센트럴 파크에 있는 Excelsior hotel로 가주세요.

오늘의 리스닝 TIP

A : Do you care **if** I sit **up** front? Alright.

A : Alright, sir, 360 east.

A : I'm sorry, 360 west 47th street, please.

B : 360 west 47th street.

A : Yes, sir.

➤ 강의를 들으면서 순서대로 쭉 따라오세요.

KEY STEP 1

A.P 길에서 택시를 잡는 상황의 특징
1. 'Uber'처럼 스마트폰으로 호출하거나 아니면 길에서 직접 잡아야 한다.
2. 거리가 목적지인 경우 정확히 거리 번호를 알려줘야 한다.
3. 택시에서는 기사가 거리 번호를 말할 때 꼭 서수로 말하지 않음을 참고한다.

KEY STEP 2

Do you care if I sit up front?

A.P Do you care ~ = 혹시 ~해도 괜찮을까요?, 허락을 구하는 표현.

KEY STEP 3

Do you care if I sit up front?

(위의 문장에서 'if' 단어는 뒤의 'I'와 연음이 돼서 명확히 구분되서 발음 되지 않는다.)

KEY STEP 4

Do you care if I sit **up** front?

('up' 단어가 앞의 'sit' 단어와 연음이 돼서 '시럽'과 같이 발음이 된다.)

A.P sit up front = 앞자리에 앉다.
  * Do you care if I sit up front? = 앞자리에 앉아도 될까요? 문장 반드시 암기!

I'm sorry, <u>360 west 47th street</u>, please.

A.P. 360 west 47th street. = 47번가에 웨스트 360번지로 가 주세요.

DIALOGUE REVIEW

1. 아래 원본 대화에서 주의해야 할 리스닝 TIP을 생각나는 대로 적어본다.
2. 원본을 들으면서 현지 상황의 전체 대화 뉘앙스와 의미를 복습해 본다.

A : Do you care if I sit up front? Alright.

A : 앞자리에 앉아도 될까요?

A : Alright, sir, 360 east.

A : (앞자리에 앉은 후) 그럼, 이스트 360번지로 가주세요.

A : I'm sorry, 360 west 47th street, please.

A : 아 죄송해요. 47번가 웨스트 360번지예요.

B : 360 west 47th street.

B : 47번가 웨스트 360번지요?

A : Yes, sir.

A : 네.

오늘의 리스닝 TIP

A : <u>It is okay</u> if I sit up front?

B : Yes.

A : Thanks.

A : Alright, 276 *Canal street*. Do you know **where** that is?

A : It's *the Soho garden hotel.* **Are you** familiar wi**th th**at?

B : *Soho garden?*

A : Yeah.

B : 276.

➡ 강의를 들으면서 순서대로 쭉 따라오세요.

KEY STEP 1

It is okay if I sit up front?

A.P sit up front = 앞자리에 앉다.

   * Do you care if I sit up front? = Is it okay if I sit up front? 문장 반드시 암기!

KEY STEP 2

276 *Canal street*.

A.P canal street = 뉴욕 소호거리와 차이나타운을 가로지르는 거리.

KEY STEP 3

Do you know **where** that is?

('**where**' 단어가 문장 중간에 위치하고 있어 정확하게 발음 되지 않고 뒤의 단어 'that'과 연음이 된다.)

A.P Do you know where that is? = 거기 어딘지 아세요? 어떻게 가는지 아세요? 문장 반드시 암기!

KEY STEP 4

Are you familiar with that?

('**Are you**'를 끊어서 또박또박 발음하지 않고, '**be**' 동사와 뒤의 주어 '**you**'를 연음으로 빨리 말하니까 정확히 들리지 않는 경우가 많다.)

Are you familiar w<u>i**th th**</u>at?

('**with**'는 보통 뒤의 '**th**' 발음을 명확히 '드'라고 하지 않는다. 특히 여기서는 뒤에 '**that**'이 바로 오기 때문에 '위드댓'이라고 하지 않고 양쪽의 '**th**'가 하나의 발음으로 '위댓'으로 바뀐다.)

<u>Are you familiar with that?</u>

A.P <u>Are you familiar with that?</u> = 거기 가는 길 잘 아시죠? 익숙하시죠? 〔문장 반드시 암기!〕

　* <u>Do you know</u> that? = 그 호텔에 대해서 (들어본 적이 있거나 내부 성향, 운영 상태를) 잘 아세요?

DIALOGUE REVIEW

1. 아래 원본 대화에서 주의해야 할 리스닝 TIP을 생각나는 대로 적어본다.
2. 원본을 들으면서 현지 상황의 전체 대화 뉘앙스와 의미를 복습해 본다.

A : It is okay if I sit up front?

A : 앞자리에 앉아도 될까요?

B : Yes.

B : 네.

A : Thanks.

A : 감사합니다.

A : Alright, 276 *Canal street*. Do you know where that is?

A : 음, 캐널 거리에 있는 276번지로 가주실래요? 어딘지 아세요?

A : It's *the Soho garden hotel*. Are you familiar with that?

A : 소호 가든호텔로 가려고요. 가는 길 아시죠?

B : *Soho garden?*

B : 소호 가든호텔이요?

A : Yeah.

A : 네.

B : 276.

B : (내비게이션을 찍으면서) 276번지라…

오늘의 리스닝 TIP

A : I'm sorry **to** bother you.

B : It's okay.

A : Can you call me a taxi?

B : No, the bellman can, **they'll** hail you one.

A : Okay, thank you.

     You're welcome.

B' : Hi!

A : Yeah, could you call a taxi for me?

B' : Where're you goin?

A : Ah, We are going to 50th street, I think.

➼ 강의를 들으면서 순서대로 쭉 따라오세요.

KEY STEP 1

A.P. 호텔에서 택시를 잡는 상황
  1. 보통 호텔 프론트(Concierge)에서 미리 호텔 예약을 한다.
  2. 경우에 따라서 호텔 벨보이에게 직접 잡아달라고 한다.

KEY STEP 2

I'm sorry to bother you.

(원어민들이 발음할 때 'to' 부정사도 많이 안 들리니 리스닝에 주의한다.)

A.P. bother = 괴롭히다, 신경 쓰이게 하다.
  * I'm sorry to bother you. = (정중하게 질문할 때) 실례합니다. 문장 반드시 암기!

KEY STEP 3

Can you call me a taxi?

A.P. Can you call me a taxi? = 택시 좀 불러주실 수 있을까요? 문장 반드시 암기!

KEY STEP 4

No, the bellman can,

A.P. the bellman = 호텔에서 짐을 나르거나, 택시 잡는 것을 도와주는 사람.

　* No, the bellman can. = <u>No, the bellman can</u> call you a taxi.

KEY STEP 5

No, the bellman can, they'll <u>hail</u> you one.

A.P. hail = 택시를 부르다

KEY STEP 6

No, the bellman can, **they'll** hail you one.

('**they will**'을 발음할 때 주로 '**they'll**'이라고 줄여서 발음하게 되며, 우리가 들을 때는 보통 '돌' 혹은 '덜'이라고 들린다.)

KEY STEP 7

No, the bellman can, they'll hail you one.

A.P. one = a taxi

KEY STEP 8

Yeah, could you call <u>a taxi for me</u>?

A.P. Could you call <u>a taxi for me</u>? = Could you call <u>me a taxi</u>?
　　　　　　　　　A for　B　　=　　　　　　　　B　　A

　* buy <u>a flower for me</u>. = buy <u>me a flower</u>. = 나에게 꽃을 사주다.
　　　A　for B　=　　B　　A

KEY STEP 9

Yeah, <u>could you</u> call a taxi for me?

A.P. 'Can you ~' 보다는 'Could you~'가 더 정중한 표현이다.

KEY STEP 10

Where're you <u>goin</u>?

('**going**'처럼 뒤에 '**ing**'가 나올 때 주로 생략해서 '**goin**'이라고도 많이 발음한다.)

DIALOGUE REVIEW

1. 아래 원본 대화에서 주의해야 할 리스닝 TIP을 생각나는 대로 적어본다.
2. 원본을 들으면서 현지 상황의 전체 대화 뉘앙스와 의미를 복습해 본다.

A : I'm sorry to bother you.

A : (호텔 안내 데스크에 다가가면서) 실례합니다.

B : It's okay.

B : 네 괜찮습니다.

A : Can you call me a taxi?

A : 택시 좀 불러주시겠어요?

B : No, the bellman can, they'll hail you one.

B : 아, 저희 말고 벨맨이 택시 불러줄 거예요.

A : Okay, thank you.

A : 알겠습니다. 감사합니다.

B : You're welcome.

B : 천만에요.

B' : Hi!

B' : (벨맨이 인사한다.) 무슨 일이신가요?

A : Yeah, could you call a taxi for me?

A : 네, 택시 좀 불러주시겠어요?

B' : Where're you goin?

B' : 어디 가시죠?

A : Ah, We are going to 50th street, I think.

A : 음, 아마 50번가로 갈 거 같아요.

귀빵 왕초보

오늘의 리스닝 TIP

A : <u>Do you know</u> how long it takes **to** <u>get there</u> **from here**?

B : 35 minutes.

A : 35 minutes, <u>that's not too bad.</u>

B : Yeah.

A : Oh, <u>air condition</u>? Tha**t'll** <u>work</u>.

A : Is that <u>beeping sound</u> because of the <u>seat belt</u>?

➤ 강의를 들으면서 순서대로 쭉 따라오세요.

KEY STEP 1

택시를 탄 후 목적지까지 걸리는 시간을 물어볼 때

A.P 얼마나 걸리나요?

    1. How long does it take?

    2. How long will it take?

KEY STEP 2

<u>Do you know</u> how long it takes to get there from here?

A.P How long <u>does it take</u> to ~? = 직접적인 질문

    Do you know how long <u>it takes</u> to ~? = 좀 더 매너 있는 자연스러운 질문

    'Do you know'로 물어보았으므로 '주어 + 동사'는 바뀌지 않는다.

KEY STEP 3

Do you know how long it takes **to** <u>get there</u>?

A.P 거기까지 = get there

    ('to' 부정사는 회화상에서 명확히 발음하지 않아서 리스닝에서 잘 안 들리는 경향이 많다.)

KEY STEP 4

Do you know how long it takes to get there **from here**?

('**from**'에서 빨리 발음하다 보니 '**r**' 발음을 명확하게 발음하지 않고, 뒤에 '**here**'도 그대로 연음이 돼서 발음된다.)

KEY STEP 5

35 minutes, that's not too bad.

A.P that's not too bad. = 나쁘지 않은데요. 괜찮은데요.

KEY STEP 6

Oh, air condition? That'll work.

A.P 에어콘 = air condition. **⭕** / air con **❌**

KEY STEP 7

Oh, air condition? Tha**t'll** work.

('**that will**'을 '**that'll**'이라고 보통 줄여서 말하는데, '데들'이라고 주로 발음한다.)

KEY STEP 8

Oh, air condition? That'll work.

A.P work = 일하다, 작동하다. 혹은 어떤 상황에 대해서 설명을 할 때 표현한다.
* That'll work. = 이제 좀 좋다, 괜찮다.

KEY STEP 9

Is that beeping sound because of the seat belt?

A.P 경고 알림음 = beeping sound
안전 벨트 = seat belt

DIALOGUE REVIEW

1. 아래 원본 대화에서 주의해야 할 리스닝 TIP을 생각나는 대로 적어본다.
2. 원본을 들으면서 현지 상황의 전체 대화 뉘앙스와 의미를 복습해 본다.

A : Do you know how long it takes to get there from here?

A : (운전 중인 택시 기사에게) 여기서 얼마나 걸리는지 아시나요?

B : 35 minutes.

B : 35분 걸립니다.

A : 35 minutes, that's not too bad.

A : 35분이라, 그렇게 오래 걸리지는 않네요.

B : Yeah.

B : 네.

A : Oh, air condition? That'll work.

A : (에어컨 바람이 나오자) 아, 에어컨이네. 한결 낫다.

A : Is that beeping sound because of the seat belt?

A : (삐삐 소리가 나자) 제가 안전벨트 착용 안 해서 나는 경고음인가요?

오늘의 리스닝 TIP

A : We **flew** in from South Korea today.

B : Really?

A : So we**'re** tired.

B : You **gott**a be, that's like uh, over 10 hours.

A : Over yeah, yeah over ten hours, I think altogether,

　　maybe 15, 16 hours flight.

➤ 강의를 들으면서 순서대로 쭉 따라오세요.

KEY STEP 1

A.P 택시 안에서 외국인 기사와 간단한 회화를 할 때 말을 걸려면 우선 본인의 상황을 먼저 얘기하면서 말을 붙이는 것이 자연스럽다.

KEY STEP 2

We **flew** in from South Korea today.

(동사 불규칙 단어의 과거형도 리스닝에서 알아듣기 상당히 어려운 편이다.)

A.P fly - flew - flown = 날다, 비행하다.
　　* fly in = 비행기를 타서 입국하다.

KEY STEP 3

So we**'re** tired.

('we are'을 줄여서 'we're'이라고 발음하고 뒤의 'be' 동사는 명확히 발음되지 않는다.)

KEY STEP 4

You **gott**a be, that's like uh, over 10 hours.

(단어 중간에 'tt'는 보통 'd'로 발음된다.)

A.P You gotta be = You have to = You must

You gotta be, that's like uh, <u>over 10 hours</u>.

A.P over 10 hours. = 10시간 이상.

I think <u>altogether</u>, maybe 15, 16 hours flight.

A.P 모두 다 합쳐서, 총 = altogether

DIALOGUE REVIEW

1. 아래 원본 대화에서 주의해야 할 리스닝 TIP을 생각나는 대로 적어본다.
2. 원본을 들으면서 현지 상황의 전체 대화 뉘앙스와 의미를 복습해 본다.

A : We flew in from South Korea today.

A : (운전 중인 기사 분에게) 저희 오늘 막 한국에서 도착했어요.

B : Really?

B : 정말요?

A : So we're tired.

A : 그래서 피곤하네요.

B : You gotta be, that's like uh, over 10 hours.

B : 거의 10시간 이상 비행기 안에 꼼짝 없이 갇혀 있었겠군요.

A : Over yeah, yeah over ten hours, I think altogether,
   maybe 15, 16 hours flight.

A : 네, 10시간 이상, 아니 총 합치면 15, 16시간 동안 비행한 거 같아요.

오늘의 리스닝 TIP

A : **We're** from South Korea. we <u>**all live i**</u>n South Korea.

B : Oh really?

A : Yeah,

B : Oh, okay

A : So <u>**this**</u> is our first time <u>in *Manhattan*</u>, first time in New York,

the <u>state</u> <u>even</u>!

B : Do you like it?

A : Oh, I <u>love</u> **it** here!

➤ 강의를 들으면서 순서대로 쭉 따라오세요.

KEY STEP **1**

We're from South Korea. we all live in South Korea.

('**We are**'을 줄여서 '**We're**'이라고 발음을 해서 거의 '월'이라고 들린다.)

KEY STEP **2**

We're from South Korea. we <u>**all live i**</u>n South Korea.

('**all live in**'에서 앞의 '**L**' 발음이 겹쳐지고 뒤에 '**in**'이 앞 단어와 연음이 된다. '얼리빈'으로 들린다.)

KEY STEP **3**

So this is our first time in *Manhattan*,

('**manhattan**'을 발음할 때 중간에 '**tt**' 발음은 세게 하지 않는다. 보통 원어민들은 '맨핫은'으로 발음
한다.)

KEY STEP **4**

So this is our first time <u>in *Manhattan*</u>,

A.P <u>in</u> Manhattan = 보통 도시 앞에는 'in'을 붙여 준다.

KEY STEP 5

So **this** is our first time in Manhattan,

('**So this is**'를 발음할 때 빨리 말하다 보니 주어 '**this**'를 명확하게 발음 하지 않아서 거의 '소이즈'라 고 들린다.)

KEY STEP 6

first time in New York, the state even!

A.P the state = '미국의 한 주'를 표현함.
the States = '미국'을 표현함.
A.P even = 심지어

KEY STEP 7

Oh, I love it here.

('**love it**'에서 뒤의 '**it**'는 '**here**'과 연음이 돼서 거의 들리지 않는다.)

A.P love = '너무나 좋다'라는 표현을 할 때 사용한다.
* I love it. > I like it.

DIALOGUE REVIEW

A : We're from South Korea. we all live in South Korea.

A : 저희 한국에서 왔어요. 모두 한국에 살거든요.

B : Oh really?

B : 아, 정말요?

A : Yeah,

A : 네.

B : Oh, okay

B : 그렇군요.

A : So this is our first time in *Manhattan*, first time in New York, the state even!

A : 그래서 이번이 맨해튼 첫 방문이거든요. 뉴욕주 자체가 처음이예요.

B : Do you like it?

B : 어때요?

A : Oh, I love it here!

B : 너무 좋아요!

오늘의 리스닝 TIP

A : Yeah, 360 west.

A : Yeah, that might be it.

A : Alright, what's my fee? 14.30.

B : Use the left side.

A : Yeah, $14.30.

B : Alright, thank you, watch your side, please.

A : Yeah, I will, thank you.

➤ 강의를 들으면서 순서대로 쭉 따라오세요.

KEY STEP 1

Yeah, that might be it.

A.P 'might'는 추측의 의미이지만 'may'보다는 가능성이 더 희박한 상황에서 사용한다.

KEY STEP 2

Yeah, that might be it.

(회화에서 주어를 명확히 발음 안 해주는 경향이 많은데 여기서도 'that' 발음을 거의 안 한다.)

KEY STEP 3

Alright, what's my fee? 14.30

A.P fee = 교통 요금, 가격

  * What's my fee? = 요금이 얼마인가요? (문장 반드시 암기)

KEY STEP 4

Use the left side.

('left'에서 뒤의 't'는 거의 발음이 되지 않는다.)

KEY STEP 5

Alright, thank you, watch your side, please.

('watch your'에서 뒤의 'ch'는 뒤의 단어 'your'와 연음으로 발음이 된다.)

117

KEY STEP 6

Alright, thank you, <u>watch your side</u>, please.

A.P Watch your side. : 내릴 때 옆을 조심하세요.

Watch your step. : 발 조심하세요.

KEY STEP 7

Yeah, <u>I will</u>, thank you.

A.P I will. = I will watch my side.

DIALOGUE REVIEW

1. 아래 원본 대화에서 주의해야 할 리스닝 TIP을 생각나는 대로 적어본다.
2. 원본을 들으면서 현지 상황의 전체 대화 뉘앙스와 의미를 복습해 본다.

A : Yeah, 360 west.

A : 네, 웨스트 360번지네요.

A : Yeah, might be it.

A : 네, 여기가 맞는 거 같아요.

A : Alright, what's my fee? 14.30.

A : 좋습니다. 요금은 얼마죠? 14분 30센트?

B : Use the left side.

B : 왼쪽으로 내리세요.

A : Yeah, $14.30.

A : (요금을 지불하면서) 네, 14불 30센트 여기 있어요.

B : Alright, thank you, watch your side, please.

B : 네, 감사합니다. 내릴 때 옆에 조심하세요.

A : Yeah, I will, thank you.

A : 네 그럴게요. 감사합니다.

귀빵 왕초보

오늘의 리스닝 TIP

A : 276.

B : 376?

A : 276.

B : 276 on the left hand side.

A : Oh *Canal*? Yeah, that's it!

A : That's it. That's the correct one. So you can dro**p us o**ff over here, no problem.

B : Yeah.

A : What's the total?

A : Thank you for everything.

➤ 강의를 들으면서 순서대로 쭉 따라오세요.

KEY STEP 1

276 on the left hand side.

('left'의 't'는 'f' 다음에 발음이 오기 때문에 자연스럽게 발음이 안 되고 'hand'의 'd'는 'n' 다음에 오는 알파벳이라 발음이 안 된다.)

KEY STEP 2

276 on the left hand side.

A.P. The left hand side. = 왼쪽

KEY STEP 3

That's it.

A.P. That's it. = 맞아요.

KEY STEP 4

So you can dro**p us o**ff over here, no problem.

('drop us off'에서 중간의 'us' 단어 앞뒤로 연음이 일어난다. 따라서 발음이 '드럽어스업'으로 뭉쳐서 들린다. 여기서 'p'는 강하게 발음하지 않는다.)

KEY STEP 5

So you can <u>drop us off</u> over here, no problem.

A.P. drop someone off = ~를 내려주다.

KEY STEP 6

So you can drop us off <u>over here</u>, no problem.

A.P. over here = 여기쯤

KEY STEP 7

What's the to<u>t</u>al?

(단어 중간에 't'는 약한 'd'로 발음한다.)

A.P. What's the total? = 요금 총 얼마 나왔나요? 문장 반드시 암기!

DIALOGUE REVIEW

1. 아래 원본 대화에서 주의해야 할 리스닝 TIP을 생각나는 대로 적어본다.
2. 원본을 들으면서 현지 상황의 전체 대화 뉘앙스와 의미를 복습해 본다.

A : 276.

A : (정차한 택시 안에서 목적지를 찾는다.) 276번지인데요.

B : 376?

B : 376번지요?

A : 276.

A : 아뇨, 276번지인데요.

B : 276 on the left hand side.

B : 좌측에 276번지예요.

A : Oh *Canal*? Yeah, that's it!

A : 아, 캐널 거리인가요? 맞네요.

A : That's it. That's the correct one. So you can drop us off over here, no problem.

A : 맞아요. 제대로 왔어요. 여기서 내려주시면 돼요. 상관없어요.

B : Yeah.

B : 네.

A : What's the total?

A : 총 요금이 얼마 나왔죠?

A : Thank you for everything.

A : (요금을 지불하고 내리면서) 친절하게 해주셔서 감사합니다.

오늘의 리스닝 TIP

A : **If** you could **pop** the trunk, we **could** get **our** luggage out.
A : Sir, have a wonderful day. Thank you for everything.
B : Thank you.

➤ 강의를 들으면서 순서대로 쭉 따라오세요.

KEY STEP 1

If you could pop the trunk, we could get our luggage out.

A.P pop the trunk = 트렁크를 열다. = open the trunk 〔문장 반드시 암기!〕

KEY STEP 2

If you could pop the trunk, we could get our luggage out.

(회화상에서 '**if**'는 가장 발음이 잘 안 들리는 단어 중에 하나이다. 뒤의 단어와 연음이 되기 쉽다. 안 들렸어도 문맥상 해석해야 한다.)

KEY STEP 3

If you could pop the trunk, we could get our luggage out.

(앞 문장의 '**could**'는 뒤에 '**d**' 발음을 세게 하지 않고, 거의 받침 발음을 한다.)

KEY STEP 4

If you could pop the trunk, we could get our luggage out.

A.P luggage = 짐, 여행 가방
('out'의 뒤에 't'는 강하게 발음하지 않고 받침 발음을 한다.)

KEY STEP 5

If you could pop the trunk, we could get our luggage out.

('**get our**'에서 뒤의 '**t**'는 다음 단어 '**our**'와 연음이 돼서 약한 '**d**'로 즉, '게다월'처럼 발음이 된다.)

KEY STEP 6

If you could pop the trunk, we could get our luggage out.

A.P get our luggage out = 우리 짐을 빼다.

If you could pop the trunk, we <u>could</u> get our luggage out.

(이 문장에서 뒤의 조동사 '**could**'는 거의 발음하지 않는다.)

DIALOGUE REVIEW

1. 아래 원본 대화에서 주의해야 할 리스닝 TIP을 생각나는 대로 적어본다.
2. 원본을 들으면서 현지 상황의 전체 대화 뉘앙스와 의미를 복습해 본다.

A : 276.

A : (정차한 택시 안에서 목적지를 찾는다.) 276번지인데요.

B : 376?

B : 376번지요?

A : 276.

A : 아뇨, 276번지인데요.

B : 276 on the left hand side.

B : 좌측에 276번지예요.

A : Oh *Canal*? Yeah, that's it!

A : 아, 캐널 거리인가요? 맞네요.

A : That's it. That's the correct one. So you can drop us off over here, no problem.

A : 맞아요. 제대로 왔어요. 여기서 내려주시면 돼요. 상관없어요.

B : Yeah.

B : 네.

A : What's the total?

A : 총 요금이 얼마 나왔죠?

A : Thank you for everything.

A : (요금을 지불하고 내리면서) 친절하게 해주셔서 감사합니다.

A : If you could pop the trunk, we could get our luggage out.

A : 트렁크 좀 열어주시면, 짐 꺼낼게요.

A : Sir, have a wonderful day. Thank you for everything.

A : (트렁크에서 짐을 받고 나서) 좋은 하루 되세요. 오늘 정말 감사했어요.

B : Thank you.

B : 감사합니다.

체크인/체크아웃에 대한 대화

WEAK POINT

요즘은 보통 미리 온라인으로 호텔 예약을 하기 때문에 호텔 체크인, 체크
아웃 대화는 크게 어렵지 않다. 하지만 방 배정할 때 선호하는 위치 요청이
라든지, 부대 시설에 관한 문의, 와이파이 문의, 조식 등 기타 서비스에
대한 문의 등 하고자 하면 또 엄청난 분량의 대화를 할 수 있는 곳도 호
텔이다.

우선, 왕초보 단계에서는 체크인과 체크아웃 의사 전달하기, 체크인 시간
확인하기, 짐 맡기기 등의 간단한 리스닝만 학습해 보도록 한다.

오늘의 리스닝 TIP

B : Hi!

A : Hi!

B : Hi!

A : **We're** here **to** check in.

B : **Yup**, reservation for today?

A : I'm sorry, not check-in. Check-in is <u>not until</u> <u>what</u>, 3 o'clock?

B : Yeah, mmhmm.

➡ 강의를 들으면서 순서대로 쭉 따라오세요.

KEY STEP 1

We're here **to** check in.

('**We are**'를 줄여서 '**We're**'이라고 발음을 해서, '윌'이라고 들리며, 뒤의 **to** 부정사도 명확히 발음 안 해서 거의 '투'가 아니라 약하게 '두'라고 발음된다.)

A.P. We're here to ~ = 저희 ~하러 왔어요.
  * We're here to check in. = 저희 체크인 하러 왔어요. 문장 반드시 암기!
  * I'm here to check in. = 저 체크인 하러 왔어요.

KEY STEP 2

Yup, reservation for today?

(앞의 '**Yup**' 이런 감탄사가 문장 앞에 오면 다른 단어로 착각해서 리스닝에서 혼동하는 경우가 있다.)

A.P. Yup = Yeah, Yes

KEY STEP 3

Yup, <u>reservation for today</u>?

A.P. reservation for today? = 오늘자 예약이신가요?

KEY STEP 4

I'm sorry, <u>not</u> check-in.

A.P. 가끔 부정문을 말할 때 꼭 '주어+동사' 형식이 아니더라도 부정을 말할 때 'not'만 붙이기도 한다.

Check-in is <u>not until</u> what, 3 o'clock?

A.P not until ~ = ~할 때까지는 아니다. ~ 되어야 하다.

Check-in is not until <u>what</u>, 3 o'clock?

A.P 시간을 말할 때는 항상 '몇 시 = what time'을 사용하기 때문에 여기도 '몇 시더라'라는 의미로 'what'을 사용했다. 우리가 시간을 말할 때 'what'을 생소하게 해석하는 경우가 있는데 늘 '시간'을 표현한다는 것을 명심하자.

DIALOGUE REVIEW

1. 아래 원본 대화에서 주의해야 할 리스닝 TIP을 생각나는 대로 적어본다.
2. 원본을 들으면서 현지 상황의 전체 대화 뉘앙스와 의미를 복습해 본다.

B : Hi!

B : 안녕하세요.

A : Hi!

A : 네 안녕하세요.

B : Hi!

B : 어서 오세요.

A : We're here to check in.

A : 저희 체크인 하러 왔어요.

B : Yup, reservation for today?

B : 넵. 오늘 예약인가요?

A : I'm sorry, not check-in. Check-in is not until what, 3 o'clock?

A : 죄송한데, 지금 체크인은 아니고요. 체크인이 오후 3시 되어야 가능하죠?

B : Yeah, mmhmm.

B : 네. 후후.

오늘의 리스닝 TIP

A : Okay, we do have reservations for today under the name Nelson.

B : Nelson?

A : The last name, Jason, first name.

B : The last name is Jason? Or…

A : Last name is Nelson. First name is Jason.

➡ 강의를 들으면서 순서대로 쭉 따라오세요.

KEY STEP 1

Okay, we do have reservations for today under the name Nelson.

A.P reservations for today = 오늘자 여러 명의 예약

KEY STEP 2

Okay, we do have reservations for today under the name Nelson.

A.P under the name ~ = ~의 이름으로
* under the name of A = under the name A = A의 이름으로 단어 반드시 암기!
* Lee 이름으로 예약했습니다. = I have a reservation for today under the name of Lee.

KEY STEP 3

The last name, Jason, first name.

A.P * 성 = Last name / Family name
* 이름 = First name

KEY STEP 4

Last name is Nelson. First name is Jason.

A.P 성은 Nelson 이고요, 이름은 Jason 입니다.

DIALOGUE REVIEW

1. 아래 원본 대화에서 주의해야 할 리스닝 TIP을 생각나는 대로 적어본다.
2. 원본을 들으면서 현지 상황의 전체 대화 뉘앙스와 의미를 복습해 본다.

A : Okay, we do have reservations for today under the name Nelson.

A : 네, 저희가 Nelson 이름으로 오늘 예약했거든요.

B : Nelson?

B : Nelson씨요?

A : The last name, Jason, first name.

A : 성이고요, 이름은 Jason이예요.

B : The last name is Jason? Or···

B : 성이 Jason 이라고요? 아니면...

A : Last name is Nelson. First name is Jason.

A : 성이 Nelson이고요, 이름이 Jason 이예요.

오늘의 리스닝 TIP

A : We were wondering **if** we could leave our luggage <u>here</u>
   <u>before check in.</u>

B : Okay, so, how many **bags** do you wan**t t**o leave?

A : We have three bags.

B : Alright.

A : Maybe 4, 3

➤ 강의를 들으면서 순서대로 쭉 따라오세요.

KEY STEP 1

<u>We were wondering if</u> we could leave our luggage here.

A.P I wonder = 나는 궁금하다.
   I wonder if ~ = 나는 혹시 ~인지 궁금해.
   I am wondering if ~ = 저는 혹시 ~인지 궁금해하고 있어요.
   I was wondering if ~ = 저는 혹시 ~인지 궁금해하고 있었어요. = 가장 자연스럽고 실제 많이 쓰는 표현
   문장 반드시 암기!
   * I was wondering if you could tell me why. = 내게 이유를 말해줄 수 있을지 궁금해하고 있었어.

KEY STEP 2

We were wondering **if** we could leave our luggage here.

(회화상에서 '**if**' 발음은 명확히 들리지 않는다.)

KEY STEP 3

We were wondering if we could leave our luggage **here**.

(회화상에서 '**here**' 발음은 다른 단어와 연음이 되기 싶다.)

KEY STEP 4

We were wondering if we could leave our luggage here <u>before check in.</u>

A.P before check in = 체크인 전에

Okay, so, <u>how many **bags**</u> do you want to leave?

A.P how many bags = 얼마나 많은 짐가방

('bags' 단어는 '빽'이라고 강하게 발음하지 않는다. 'back'과 발음을 구별한다.)

Okay, so, how many bags <u>do you wan**t t**o leave</u>?

('**want to**'에서 '**t**'가 서로 앞뒤로 부딪쳐서 '원투'라고 발음해 주면 된다. 오히려 유럽 국적의 외국인 들은 '**t**' 발음을 좀 세게 한다는 것도 알아두자.)

A.P leave = 남겨놓다, 맡기다.

DIALOGUE REVIEW

1. 아래 원본 대화에서 주의해야 할 리스닝 TIP을 생각나는 대로 적어본다.
2. 원본을 들으면서 현지 상황의 전체 대화 뉘앙스와 의미를 복습해 본다.

A : We were wondering if we could leave our luggage here before check in.

A : 체크인 전에 저희 짐 좀 맡길 수 있을까요?

B : Okay, so, how many bags do you want to leave?

B : 그럼요. 그럼 몇 개나 맡기실 거죠?

A : We have three bags.

A : 가방 3개예요.

B : Alright.

B : 그렇게 하세요.

A : Maybe 4, 3.

A : 아마 4갠가? 아니 3개 맞아요.

오늘의 리스닝 TIP

B : Hello!

A : Hello!

A : **We're** ready to check out.

B : **Sure**, do you have the key car**d**?

A : I have 5 key cards.

A : 2 for room 802 and, I'm sorry, 3 for room 802 and 2 for 805.

B : Alright, you're all set.

A : That's it?

B : Yeah, that's it.

A : Easy peasy.

B : Easy peasy.

A : Have a wonderful day!

B : Thank you, same to you!

A : Thank you!

➤➤ 강의를 들으면서 순서대로 쭉 따라오세요.

KEY STEP 1

We're ready to check out.

('**We are**'을 줄여서 '**We're**'이라고 발음한다.)

A.P We are here to ~ = We are ready to ~ = ~ 하러 왔어요.

KEY STEP 2

Sure, do you have the key car**d**?

(문장 앞에 '**Sure**' 이런 단어가 오면 빨리 발음하다 뒤의 단어와 연음이 돼서 잘 안 들리는 경우가 있다.)

KEY STEP 3

Sure, do you have the key car**d**?

('**card**'에서 뒤의 '**d**'는 그 앞 '**r**' 다음에 오기 때문에 거의 약하게 발음된다.)

KEY STEP 4

2 for room 802 and, I'm sorry, 3 for room 802 and 2 for 805.

A.P. '숫자' for Room 'number' = 해당 'number'의 열쇠가 '숫자' 만큼 있다.

A.P. 802 = Eight O Two ('0'은 'zero'라고 하지 않는다.)

KEY STEP 5

Alright, yo**u're** all set.

('**You are**'을 줄여서 '**You're**'이라고 발음한다.)

A.P. you're all set. = 다 되었어요. 문장 반드시 암기!

　　1. 은행 / 병원 / 공공기관 등 : 서류 작성을 마쳤을 때

　　2. 식당에서 주문 후 음식이 나왔을 때

　　3. 식당 계산 후 영수증이나 카드를 줄 때

KEY STEP 6

Easy peasy.

A.P. Easy-peasy. = '엄청 쉬운'의 의미로 음율을 맞춰서 장난스럽게 말하는 표현.

　　* easy-peasy, lemon-squeezy= very easy

KEY STEP 7

Thank you, same to you.

A.P. same to you. = It's same to you. = Thank you, you too.

DIALOGUE REVIEW

1. 아래 원본 대화에서 주의해야 할 리스닝 TIP을 생각나는 대로 적어본다.
2. 원본을 들으면서 현지 상황의 전체 대화 뉘앙스와 의미를 복습해 본다.

B : Hello!

B : 안녕하세요!

A : Hello!

A : 네, 안녕하세요!

A : We're ready to check out.

A : 체크아웃 할까 하는데요.

B : Sure, do you have the key card?

B : 네, 방 열쇠 있으시죠?

A : I have 5 key cards.

A : 5개나 있어요.

A : 2 for room 802 and, I'm sorry, 3 for room 802 and 2 for 805.

A : 802호 열쇠 2개, 아 미안해요, 802호 열쇠 3개, 805호 열쇠 2개요.

B : Alright, you're all set.

B : (열쇠는 다 체크한 후) 좋아요. 다 되었어요.

A : That's it?

A : 끝난 건가요?

B : Yeah, that's it.

B : 네, 끝났어요.

A : Easy peasy.

A : 식은 죽 먹기네요.

B : Easy peasy.

B : 식은 죽 먹기죠.

A : Have a wonderful day!

A : 좋은 하루 되세요!

B : Thank you, same to you!

B : 감사합니다. 좋은 하루 되세요!

A : Thank you!

A : 감사합니다!

 # 식당/카페에서의 대화

예약 없이 들어가는 캐쥬얼한 WALK-IN 식당이나, 푸드코트, 혹은 일반 소규모 카페를 가면 직원들의 말이 상당히 빠르기도 하고, 지나가다 메뉴를 보고 즉흥적인 주문이 이루어지기도 하며, 시끄러운 음악 소리 속에서 대화를 이어나가는 경우가 있다.

여기서는 예약 없이 들어가 기다리는 WALK-IN 식당 입구에서 줄 서기, 푸드코트에서 메뉴 물어보기, 소규모 카페에서 주문하고 픽업하기 등의 간단한 과정을 공부해 보도록 한다.

오늘의 리스닝 TIP

B : Hi!

A : Hello!

A : We**'re a** par**t**y of 4, i**s th**ere **a** wait?

B : Guy**s all here**?

A : I think so.

B : You think so?

A : 1,2,3,4 yes, **we're here**.

B : Great!

➤ 강의를 들으면서 순서대로 쭉 따라오세요.

KEY STEP 1

We're a party of 4,

('We are'을 줄여서 'We're'이라고 발음하기 때문에 여기서는 거의 '윌'이라고 들린다.)

KEY STEP 2

We're a party of 4,

A.P party = 일반적인 '파티'가 아니라, 여기 식당 입구에서의 'party'는 '모임'이나 '그룹'을 말한다.
　　* party = 파티 / 모임 / 그룹

KEY STEP 3

We're a party of 4,

A.P We're a party of ~ : 저희는 총 ~명입니다. 문장 반드시 암기!

KEY STEP 4

We**'re a** par**t**y of 4,

(앞의 'We're'와 뒤의 'a'가 함께 연음이 돼서 '위얼'처럼 들린다. 'party'에서 'r' 다음의 't'는 발음하지 않는다.)

We're a party of 4, i**s th**er**e a** wait?

('**there**'에서 '**th**' 발음은 앞의 '**is**'와 연음이 되고 '**there**'에서 뒤의 '**re**'는 '**a**'와 연음이 된다.)

We're a party of 4, is there a wait?

A.P. Is there a wait? = 기다림이 있나요? = 기다려야 하나요? 문장 반드시 암기!

Guy**s all here**?

(회화에서 '**all**' 단어는 앞뒤 단어와 쉽게 연음이 돼서 리스닝을 하는 데 굉장히 어렵다.)

A.P. Guys all here? = Are you guys all here? = 모두 지금 여기 계신 건가요?

1, 2, 3, 4 yes, **we're here**.

('**we're**' 발음과 뒤의 '**here**' 발음이 연음이 된다.)

DIALOGUE REVIEW

1. 아래 원본 대화에서 주의해야 할 리스닝 TIP을 생각나는 대로 적어본다.
2. 원본을 들으면서 현지 상황의 전체 대화 뉘앙스와 의미를 복습해 본다.

B : Hi!
B : (식당 안에서 직원이 인사하면서) 어서 오세요.

A : Hello!
A : 안녕하세요.

A : We're a party of 4, is there a wait?
A : 저희 총 4명이고요, 기다려야 하나요?

B : Guys all here?
B : 일행 모두 와 계신 거죠?

A : I think so.
A : 그런 거 같아요.

B : You think so?
B : 그런 거 같다고요?

A : 1, 2, 3, 4 yes, we're here.
A : 음, 하나, 둘, 셋, 넷, 다 있네요.

B : Great!
B : 알겠습니다!

오늘의 리스닝 TIP

A : How are you guys doing today?

A : Do you have anything with tuna in it?

B : No, we don't.

A : Nothing with tuna. alright, appreciate it.

➤ 강의를 들으면서 순서대로 쭉 따라오세요.

KEY STEP 1

How are you guys doing today?

(인사 할 때 보통 'be' 동사를 많이 생략해서 말한다.)

KEY STEP 2

Do you have anything with tuna in it?

A.P Do you have anything ~ = 혹시 ~ 있나요? 문장 반드시 암기!

KEY STEP 3

Do you have anything with tuna in it?

('with' 처럼 뒤에 'th'도 't'나 'd'처럼 뒤에 받침발음을 해준다. '위드'가 아니라 '윗'이라고 발음한다.)

A.P with ~ : ~이 첨가된, ~이 들어간 단어 반드시 암기!

　　* 소고기가 들어간 거 있나요? = Do you have anything with beef?

　　* 닭고기가 들어간 거 있나요? = Do you have anything with chicken?

KEY STEP 4

Do you have anything with tuna in it?

('in it' 두 단어도 서로 연음이 돼서 '인 잇' 이 아니고, '이닛'이라고 발음된다.)

KEY STEP 5

Nothing with tuna. alright, appreciate it.

A.P Nothing with ~ : ~가 들어간 게 아무것도 없어요.

DIALOGUE REVIEW

1. 아래 원본 대화에서 주의해야 할 리스닝 TIP을 생각나는 대로 적어본다.
2. 원본을 들으면서 현지 상황의 전체 대화 뉘앙스와 의미를 복습해 본다.

A : How you guys doing today?

A : 안녕하세요.

A : Do you have anything with tuna in it?

A : 안에 참치 있는 음식 있을까요?

B : No, we don't.

B : 아니요, 없는데요.

A : Nothing with tuna. alright, appreciate it.

A : 참치 있는 음식은 없군요. 알겠습니다. 감사합니다.

오늘의 리스닝 TIP

A : How you doing today?

A : **Yeah**, I'll take these two, an**d a** cold brew, please.

B : What size?

A : Grande, please.

B : Three things altogether, right?

A : Yes, that's it.

B : Okay, insert your card.

A : Alright!

➡ 강의를 들으면서 순서대로 쭉 따라오세요.

KEY STEP 1

Yeah, I'll take these two, and a cold brew, please.

(문장 앞에 나오는 **Yeah, Yup, Yes, Sure** 등의 추임새 단어가 다음에 나오는 주어 발음에 영향을 미치는 경우가 있다.)

KEY STEP 2

Yeah, I'll take these two, and a cold brew, please.

(문장에서 '주어+조동사'를 발음 안 하는 경우가 많다. 실제 회화상에서 주어 'I'는 거의 발음하지 않는다.)

KEY STEP 3

Yeah, I'll take these two, and a cold brew, please.

A.P I'll take ~ : ~로 할게요.

KEY STEP 4

Yeah, I'll take these two, an**d a** cold brew, please.

('**and**' 발음은 항상 주의한다. '**d**' 발음을 거의 하지 않는다. '**and**'가 뒤의 '**a**'와 연음이 되며, '**a**'는 보통 '어' 혹은 '에이'라고 발음한다.)

KEY STEP 5

Yeah, I'll take these two, and a <u>cold brew</u>, please.

A.P. cold brew = 차가운 물에 우려낸 부드러운 풍미의 커피.

KEY STEP 6

<u>What</u> size?

A.P. '어떤 사이즈'라고 물어볼 때 'which'나 'how'라고 하지 않고 반드시 'what'이라고 함을 주의한다.

KEY STEP 7

<u>Grande</u>, please.

A.P. 음료 사이즈 크기 = Tall < Grande < Venti

KEY STEP 8

Three things <u>altogether</u>, right?

A.P. altogether = 다 합쳐서

KEY STEP 9

Okay, <u>insert</u> your card.

A.P. insert = 홈에 집어넣다.
('r' 다음에 't'나 'd'가 오면 발음하지 않는다.)

A : How you doing today?

A : 안녕하세요.

A : Yeah, take these two, and a cold brew, please.

A : 음, 여기 두 개랑 콜드브루 하나 주세요.

B : What size?

B : 어떤 사이즈로 드릴까요?

A : Grande, please.

A : 그란데요.

B : Three things altogether, right?

B : 다 합쳐서 3개 맞죠?

A : Yes, that's it.

A : 네, 맞아요.

B : Okay, insert your card.

B : 네, 카드 넣어주시고요.

A : Alright!

A : 네.

오늘의 리스닝 TIP

A : How're you doin?

A : Thi**s is o**urs, Yeah?

A : Thanks for the sleeve, too.

B : Want a tray?

A : Yeah, please.

A : Tha**t'll** be be**tt**er. I don't have three hands.

A : Thank you, sir.

B : You're welcome.

➤ 강의를 들으면서 순서대로 쭉 따라오세요.

KEY STEP 1

Thi**s is o**urs, Yeah?

('This'의 's'가 뒤의 'is'와 그대로 연음이 되고, 'ours'와도 연음이 된다. 뒤에 연음되는 'yeah' 발음도 주의한다. '디시사울얼스야' 로 발음된다.)

A.P. ours = '우리의 것'이라는 단순의미로 개념이 복수가 아니라서 앞에 'is'가 와도 무방하다.

KEY STEP 2

Thanks for the sleeve, too.

A.P. sleeve = 옷의 소매, 컵 홀더 [단어 반드시 암기!]

  * 컵 홀더 있나요? = Do you guys have sleeves? [문장 반드시 암기!]

KEY STEP 3

Thanks for the sleeve, too.

A.P. too = 문장 끝에 주로 오는데 리스닝 할 때 'two'와 혼동하지 말자.

KEY STEP 4

Want a tray?

A.P. tray = 쟁반, 받침

Wan̶t̶ a tray?

('**n**' 다음에 '**t**'는 발음하지 않는다.)

A.P Do you want a tray? = Want a tray?

Tha**t'll** be be**tt**er. I don't have three hands.

('**That will**'이라고 발음하지 않고 줄여서 '**That'll**' 즉, '데들'이라고 발음한다.)
('**better**'에서 중간에 '**tt**'는 약한 '**d**' 발음을 한다.)

DIALOGUE REVIEW

1. 아래 원본 대화에서 주의해야 할 리스닝 TIP을 생각나는 대로 적어본다.
2. 원본을 들으면서 현지 상황의 전체 대화 뉘앙스와 의미를 복습해 본다.

A : How're you doin?

A : 안녕하세요.

A : This is ours, Yeah?

A : (음료를 가리키면서) 이거 우리 거 맞죠?

A : Thanks for the sleeve, too.

A : 컵 홀더도 챙겨주셔서 감사해요.

B : Want a tray?

B : 쟁반도 드릴까요?

A : Yeah, please.

A : 네 감사합니다.

A : That'll be better. I don't have three hands.

A : 훨씬 낫네요. 제가 손이 두 개라.

A : Thank you, sir.

A : 감사합니다.

B : You're welcome.

B : 천만에요.

쇼핑 상점에서의 대화

WEAK POINT

해외에서 쇼핑을 하는 경우 관광지에 있는 매장 직원들은 영어를 못하는 관광객들 응대에도 익숙해서 소통이 잘 되지만, 현지 로컬 상점 직원들은 주로 현지 원어민만 상대하다 보니 영어에 서툰 관광객들과 아무래도 가끔은 서로 소통하기에 어려운 경우도 있다. 크게 두 가지 경우를 대비하고 쇼핑에 임하자.

왕초보 단계에서는 반드시 물건을 사는 쇼핑이 아닌,

1. 길을 가다가 구경하고 싶어서 매장에 들린다든지
2. 찾고자 하는 물건이 있는지 물어본다든지
3. 가격을 흥정하든지

등의 흔히 일어날 수 있는 아주 간단한 상황부터 공부해 보도록 한다.

오늘의 리스닝 TIP

B : Hi, how are you guys doing?

A : Good, how're you doing?

B : Good, good good. <u>Any questions</u>?

A : <u>Not yet</u>, I'm sure we <u>migh**t**</u> think of <u>a couple</u>, **but** just <u>browsing</u>
   <u>at the moment</u>.

B : Alright, no problem.

➤ 강의를 들으면서 순서대로 쭉 따라오세요.

KEY STEP 1

Any questions?

A.P. Any questions? = Do you have any questions?

KEY STEP 2

Not yet, I'm sure we might think of a couple, but

A.P. Not yet = 아직은 궁금한 게 없어요.

A.P. I'm sure ~ = ~ 는 확실해요.

KEY STEP 3

Not yet, I'm sure we might think of <u>a couple</u>, but

A.P. a couple = 2개 혹은 3개 정도

　* a couple of questions = 질문 몇 개 정도

KEY STEP 4

Not yet, I'm sure we <u>migh**t**</u> think of a couple, but

('**might**' 뒤의 '**t**'도 마찬가지로 받침 발음을 한다.)

A.P. might = 어쩌면 ~ 할지도 모른다.

KEY STEP 5

Not yet, I'm sure we might think of a couple, **but**

(회화상에서 '**and**'나 '**but**'는 명확하게 발음이 안 되니 주의한다.)

KEY STEP 6

but just <u>browsing</u> at the moment.

A.P browse = 훑어보다, 둘러보다 = look around

* I'm just browsing. = 그냥 둘러보고 있어요. 문장 반드시 암기!

KEY STEP 7

but just browsing <u>at the moment.</u>

A.P at the moment = 바로 지금, 지금 이 순간.

DIALOGUE REVIEW

1. 아래 원본 대화에서 주의해야 할 리스닝 TIP을 생각나는 대로 적어본다.
2. 원본을 들으면서 현지 상황의 전체 대화 뉘앙스와 의미를 복습해 본다.

B : Hi, how are you guys doing?

B : (손님이 핸드폰 가게를 둘러보자) 안녕하세요.

A : Good, how're you doing?

A : 네 안녕하세요.

B : Good, good good. <u>Any questions?</u>

B : 네네, 궁금한 거 있으세요?

A : <u>Not yet</u>, <u>I'm sure</u> we <u>might</u> think of a couple, **but** just <u>browsing</u>
  at the moment.

A : 아직은요, 곧 물어볼 게 있을 거 같기도 하고요. 지금은 그냥 좀 둘러보려고요.

B : Alright, no problem.

B : 네, 그렇게 하세요.

오늘의 리스닝 TIP

A : Excuse me, <u>I have a quick question for you</u>.

A : <u>Do you guys have</u> any sunglasses here?

B : <u>We don't</u>. No sunglasses.

C : Sorry about that. Yeah.

A : Oh, <u>the one thing</u>. <u>The one thing</u> you guys don't.

A : Asian sunglasses, <u>that's what I need</u>.

B : Sorry, man.

A : Take care.

➤➤ 강의를 들으면서 순서대로 쭉 따라오세요.

KEY STEP 1

Excuse me, <u>I have a quick question for you</u>.

A.P. I have a quick question for you. = 질문 있는데요. = I have a quick question.

KEY STEP 2

<u>Do you guys have</u> any sunglasses here?

A.P. ~ 있나요? = Is there? = Are there?

  * 파는 ~ 있나요? = Do you (guys) have ~?

KEY STEP 3

<u>We don't</u>. No sunglasses.

A.P. We don't. = <u>We don't have sunglasses</u>.

KEY STEP 4

Oh, <u>the one thing</u>. <u>The one thing</u> you guys don't.

A.P. the one thing = 그거 딱 하나.

Asian sunglasses, <u>that's what I need.</u>

A.P. that's what I need. = 그거 제가 필요한 건데요.

DIALOGUE REVIEW

1. 아래 원본 대화에서 주의해야 할 리스닝 TIP을 생각나는 대로 적어본다.
2. 원본을 들으면서 현지 상황의 전체 대화 뉘앙스와 의미를 복습해 본다.

A : Excuse me, I have a quick question for you.

A : 실례합니다. 물어볼 거 있는데요.

A : Do you guys have any sunglasses here?

A : 혹시 여기 선글라스도 파나요?

B : We don't. No sunglasses.

B : 아니요, 선글라스는 안 팔아요.

C : Sorry about that. Yeah.

C : (옆에서 다른 직원이) 죄송합니다.

A : Oh, the one thing. The one thing you guys don't.

A : (웃으면서) 아, 다 있는데 딱 그거만 없네요. 하필 제가 찾는 그것만요.

A : Asian sunglasses, that's what I need.

A : 아시안 선글라스, 그게 필요한데.

B : Sorry, man.

B : 죄송해요.

A : Take care.

A : 수고하세요.

오늘의 리스닝 TIP

A : Do you guys have <u>lockers</u>?

B : Yes.

A : <u>How much is it</u>?

B : 20.

A : <u>$20 for</u> a locker?

B : Yes.

A : I think the, I think the, the product was <u>le**ss th**an</u> $20.

B : $20.

A : $20 for the locker. It's just <u>a camera stick</u>, <u>a selfie stick</u>.

B : A camera stick?

A : Yeah.

B : Maybe $5. Let me see.

B : It's $5 **over there**.

A : $5 **over there**? Okay, Thank you.

A : It's $5.

➤➤ 강의를 들으면서 순서대로 쭉 따라오세요.

KEY STEP 1

Do you guys have <u>lockers</u>?

A.P lockers = 개인 물품 보관함

KEY STEP 2

How much is it?

A.P How much is it? = 얼마인가요?

KEY STEP ❸

$20 for a locker?

A.P $20 = twenty, twenty dollars, twenty bucks

$5 = five, five dollars, five bucks

A.P $20 for a locker = 요금(숫자) for ~ = ~에 대한 요금.

KEY STEP ❹

I think the product was le**ss th**an $20.

('**less than**'을 빨리 발음하다 보니, '**less**'의 '**ss**'와 '**than**'의 '**th**'가 뭉쳐져서 연음으로 발음된다.)

A.P less than = ~보다 싼, ~보다 적은 (비교급)

A.P the product = (맡기고자 하는) 제품

KEY STEP ❺

It's just a camera stick, a selfie stick.

A.P a camera stick = a selfie stick = 셀카봉

KEY STEP ❻

$5 **over there**?

(이 문장에서 뒤에 '**over there**'도 연음처럼 흘리듯이 발음한다.)

DIALOGUE REVIEW

1. 아래 원본 대화에서 주의해야 할 리스닝 **TIP**을 생각나는 대로 적어본다.
2. 원본을 들으면서 현지 상황의 전체 대화 뉘앙스와 의미를 복습해 본다.

A : Do you guys have lockers?

A : 혹시 사물함 있나요?

B : Yes.

B : 네.

A : How much is it?

A : 얼마예요?

152

B : 20.
B : 20불이요.

A : $20 for a locker?
A : 사물함 하나에 20불인가요?

B : Yes.
B : 네.

A : I think the, I think the, the product was less than $20.
A : 맡길 물건이 20불이 안 되는데요.

B : $20.
B : 20불이에요.

A : $20 for the locker. It's just a camera stick, a selfie stick.
A : 사물함 하나에 20불은 좀. 그냥 셀카봉인데요.

B : A camera stick?
B : 셀카봉이요?

A : Yeah.
A : 네.

B : Maybe $5. Let me see.
B : 그럼 5불만 주세요. 한번 볼까요?

B : It's $5 over there.
B : (셀카봉을 확인한 후) 저쪽에 5불 주고 맡기시면 돼요.

A : $5 over there? Okay, Thank you.
A : 저쪽 사물함에 5불이면 되죠? 감사합니다.

A : It's $5.
A : (현금으로 5불을 건네면서) 여기 5불이요.

관광 버스 투어에 대한 대화

관광을 하면 빼놓을 수 없는 것이 시내버스 투어이다. 말 그대로 버스 투어이기 때문에 관광 안내소와 매표소에는 학생들부터 단체 관광 인원이 항시 줄지어 서 있다. 그렇기 때문에 주변이 상당히 소란스럽고 직원과의 대화도 잘 안 들리는 경우가 많으니 주의하자.

버스 투어를 하기 위해서는 주로 현장에서 직접 티케팅을 하는 경우와 전화로 미리 예약하는 경우, 온라인으로 패스를 구입한 후 현장에서 교환하는 경우가 있으며, 주로 우리가 해당되는 경우는 온라인으로 패스를 구매하는 경우이므로 왕초보 단계에서는 여기에 맞추어서 다음 순서대로 공부해보도록 하자.

1. 온라인으로 미리 끊고 와서 티케팅 하는 상황
2. 티켓과 교환하기 위해 신분증을 확인하는 상황
3. 투어에 대해 질문하는 상황

오늘의 리스닝 TIP

B : Hello!

A : How are you?

B : Good, thank you!

A : Okay, so we have the free-style pass for New York.

B : Would you like to start this tour today?

A : Yes, why not, if possible.

B : OK. This is yours.

➥ 강의를 들으면서 순서대로 쭉 따라오세요.

KEY STEP 1

Okay, so we have the free-style pass for New York.

A.P the free-style pass = 자유이용권, 뉴욕의 경우 attraction (관광명소) 중 3,5,7개 정도씩 묶어서 저렴하게 방문할 수 있는 티켓을 말함.

KEY STEP 2

Would you like to start this tour today?

('start' 단어에서 'r' 다음에 't'가 나오면 발음을 하지 않는다. 또한 뒤의 'this'와 연음이 돼서 '스탈디스'라고 발음이 된다. 뒤의 'tour'도 '투어'라고 명확히 하지 않고, 'r'의 힘을 빼면 거의 '뤄'처럼 들리게 된다.)

A.P Would you like to ~ = ~ 하시겠습니까?

KEY STEP 3

Yes, why not, if possible.

A.P Why not = ~을 안 할 이유가 없다. = 해야죠 = 긍정의 의미임을 알아두자. 표현 반드시 암기!

DIALOGUE REVIEW

1. 아래 원본 대화에서 주의해야 할 리스닝 TIP을 생각나는 대로 적어본다.
2. 원본을 들으면서 현지 상황의 전체 대화 뉘앙스와 의미를 복습해 본다.

B : Hello!

B : 어서 오세요!

A : How are you?

A : 안녕하세요!

B : Good, thank you!

B : 네 안녕하세요!

A : Okay, so we have the free-style pass for New York.

A : 네, 뉴욕 버스 투어를 위한 자유이용권이 있는데요.

B : Would you like to start this tour today?

B : 오늘 바로 투어 하시겠어요?

A : Yes, why not, if possible.

A : 네, 그럼요. 가능하면요.

B : OK. This is yours.

B : (버스 투어 교환권을 건네주며) 네 알겠습니다. 여기 티켓 있습니다.

뉴욕 - 버스투어2 - 신분증 확인하기

오늘의 리스닝 TIP

B : I need to see your I.D. please.

A : Sure, I have an I.D.

B : Okay, an**d th**is is for three people right?

A : Yeah, that's correct.

➡ 강의를 들으면서 순서대로 쭉 따라오세요.

KEY STEP 1

I need to see your I.D. please.

A.P I.D. = Identification Card. 신분증.

KEY STEP 2

I need to see your I.D. please.

A.P I need to see your ~ = 당신의 ~ 좀 보여주시겠습니까?

KEY STEP 3

Okay an**d th**is is for three people right?

('**and**'의 'd'는 'n' 다음에 오기 때문에 주로 발음을 하지 않는다. 뒤의 '**this**'와 연음이 돼서 '**and this**' 즉, '앤디스'라고 발음된다.)

DIALOGUE REVIEW

1. 아래 원본 대화에서 주의해야 할 리스닝 TIP을 생각나는 대로 적어본다.
2. 원본을 들으면서 현지 상황의 전체 대화 뉘앙스와 의미를 복습해 본다.

B : I need to see your I.D. please.

B : 신분증 좀 보여주실래요?

A : Sure, I have an I.D.

A : 네. 신분증 있어요.

B : Okay, and this is for three people right?

B : 네, 투어 3명이 하시는 거 맞죠?

A : Yeah, that's correct.

A : 네, 맞아요.

오늘의 리스닝 TIP

A : <u>Can you tell me</u> about the tour?

B : <u>Just give me a minute</u>, **I'm en**tering numbers?

A : Sure, sure, sure.

➤ 강의를 들으면서 순서대로 쭉 따라오세요.

KEY STEP 1

Can you tell me about the tour?

A.P. Can you tell me about ~? = ~에 대해서 말해주실래요? = ~에 대해서 설명해 주실래요? 문장 반드시 암기!

KEY STEP 2

Just give me a minute, I'm entering numbers?

A.P. Just give me a minute. = Hold a second. = 잠시만 기다리세요.

KEY STEP 3

Just give me a minute, **I'm en**tering numbers?

A.P. enter = ~에 들어가다, ~에 기입하다.
('I'm entering'에서 앞의 '주어+동사'를 명확히 발음 안 하면서, 뒤의 'entering'과 연음이 돼서 발음된다.)

DIALOGUE REVIEW

1. 아래 원본 대화에서 주의해야 할 리스닝 TIP을 생각나는 대로 적어본다.
2. 원본을 들으면서 현지 상황의 전체 대화 뉘앙스와 의미를 복습해 본다.

B : Hello!
B : 어서 오세요!

A : How are you?
A : 안녕하세요!

B : Good, thank you!

B : 네 안녕하세요!

A : Okay, so we have the free-style pass for New York.

A : 네, 뉴욕 버스 투어를 위한 자유이용권이 있는데요.

B : Would you like to start this tour today?

B : 오늘 바로 투어 하시겠어요?

A : Yes, why not, if possible.

A : 네, 그럼요. 가능하면요.

B : OK. This is yours.

B : (버스 투어 교환권을 건네주며) 네 알겠습니다. 여기 티켓 있습니다.

B : I need to see your I.D. please.

B : 신분증 좀 보여주실래요?

A : Sure, I have an I.D.

A : 네. 신분증 있어요.

B : Okay, and this is for three people right?

B : 네, 투어 3명이 하시는 거 맞죠?

A : Yeah, that's correct.

A : 네, 맞아요.

A : Can you tell me about the tour?

A : 투어에 대해서 좀 말해주실래요?

B : Just give me a minute, I'm entering numbers?

B : (남자의 ID 넘버를 기입하면서) 잠깐만요, 번호 적고 있거든요?

A : Sure, sure, sure.

A : 네 네 네.

전망대 원월드 티케팅 할 때의 대화

(WEAK POINT)

관광객들이 많이 모이는 관광지는 입장할 때부터 엄청나게 긴 줄을 감수해야 한다. 사실 입구부터 너무나 많은 줄이 있고, 각 줄마다 성격이 좀 다른 경우가 있어 당황하기 쉽다. 모르면 입구 안내원에게 반드시 물어보자. 자기 차례가 오면 부스에 있는 직원을 통해서 티케팅을 해야 하고, 그 후에 보안을 위해 검색대를 통과해야만 비로소 투어를 즐길 수 있는 곳이 많다. 이 순서를 꼭 명심하자.

1. 티케팅을 위한 줄 서기
2. 부스(Booth) 직원에게 티케팅 하기
3. 투어 질문 및 안내 받기
4. 검색대 통과하기

'One World Trade Center' = 미국 뉴욕 맨해튼 남쪽에 위치한 뉴욕 3대 전망대 중 하나. 9.11 테러로 쌍둥이 빌딩(World Trade Center)이 무너진 후, 미국인들의 강인한 단결력과 숭고한 희생 정신을 기리고자 그 자리에 다시 세워 만든 전망대이며, 그 지하에 추모관부터 역사적인 공간이 많으니 기회가 되면 꼭 들러보기로 하자.

오늘의 리스닝 TIP

A : **Sir**, which line do I need to ge<u>t</u> in?

B : <u>You</u> have a voucher, right?

A : **Yeah, I** have a voucher, **so which is** my line?

B : Right, the**re's a** line **to a two**, for vouchers right there.

A : Okay, thank you sir.

B : Sure.

➤ 강의를 들으면서 순서대로 쭉 따라오세요.

KEY STEP 1

Sir, which line do I need to ge<u>t</u> in?

('**get**'의 '**t**'는 뒤의 단어 '**in**'과 연음이 돼서 약한 '**d**' 발음이 난다. '게딘'이라고 발음한다.)

A.P get in = 들어가다, 줄에 들어가다.

KEY STEP 2

Sir, which line do I need to get in?

(문장 앞에 '**Sir**'로 시작하는 경우 뒤의 단어와 연음돼서 다른 단어처럼 들리는 것을 주의한다.)

KEY STEP 3

Sir, <u>which line</u> do I need to get in?

A.P which line = 어느 줄, 어느쪽 줄

KEY STEP 4

Sir, which line <u>do I need to</u> get in?

A.P do I need to ~ = do I have to ~ : ~ 해야 하나요?

  * Which line do I need to get in? = 어느 줄에 서야 하나요? 문장 반드시 암기!

You have a <u>voucher</u>, right?

A.P voucher = 상품권 / 할인 쿠폰 / 예매권

<u>You</u> have a voucher, right?

(앞의 주어는 명확하게 발음하지 않는 경향이 있다.)

Yeah, I have a voucher, so which is my line?

('**Yeah**'와 같은 단어가 뒤에 '**I**'와 연음이 돼서 명확히 발음되지 않는다.)

Yeah, I have a voucher, **so which is** my line?

('**so which is**'의 3개의 단어가 연음이 돼서 발음된다.)

A.P my line = '내가 기다려야 하는 줄'을의미한다. [단어 반드시 암기!]

Right, the**re's a** line to a two, for vouchers right there.

('**there is**'를 줄여서 '**there's**'라고 발음하며, 뒤의 '**a**'와 연음이 돼서 발음한다.)

Right, there's a line **to a two**, for vouchers right there.

(문장 중에 '투'가 연속해서 2개가 들리면, '**to**' 혹은 '**two**'라고 생각하면 된다.)

('**a**'는 명확히 발음 되지 않는다.)

Right, there's a line to **a** two, for vouchers right there.

A.P there's a line to a (number) two. = 2번 줄이 있어요.

DIALOGUE REVIEW

1. 아래 원본 대화에서 주의해야 할 리스닝 TIP을 생각나는 대로 적어본다.
2. 원본을 들으면서 현지 상황의 전체 대화 뉘앙스와 의미를 복습해 본다.

A : Sir, which line do I need to get in?

A : (줄 안내하는 직원에게) 저기, 전 어느 줄에 서야 하죠?

B : have a voucher, right?

B : 바우처 있죠?

A : Yeah, I have a voucher, so which is my line?

A : 네, 바우처 있어요. 그럼 제 줄이 어디죠?

B : Right, there's a line to a two, for vouchers right there.

B : (저쪽을 가리키면서) 좋아요. 저쪽에 바우처용 2번 줄이 있어요.

A : Okay, thank you sir.

A : 네, 감사합니다.

B : Sure.

B : 그래요.

오늘의 리스닝 TIP

A : How are you doing today?

B : Hello, how many do you have?

A : We have 3 vouchers for you today.

B : Would you like to go now?

A : Yes, please.

B : And **where** are you from, sir?

A : South korea.

➤ 강의를 들으면서 순서대로 쭉 따라오세요.

KEY STEP 1

how many do you have?

A.P how many do you have? = 예매권 몇 장 가지고 계세요?

KEY STEP 2

We have 3 vouchers for you today.

A.P vouchers for you today = '오늘 당신을 위한 바우처'가 아니라, '당신에게 제시할 오늘 바우처'의 의미.

KEY STEP 3

Would you like to go now?

A.P Would you like to ~ : ~ 하길 원하시나요?

KEY STEP 4

Yes, please.

A.P Yes, please. = 네 그럼요.

An**d where** are you from, sir?

('**And**'에서 '**d**'는 '**n**' 다음에 오기 때문에 발음을 안 해준다. '**where**' 역시 명확히 발음을 안 하며, '**are**' 동사가 와야 하지만, 원어민들은 회화에서 '**be**' 동사는 그냥 무시해서 발음해 준다.)

DIALOGUE REVIEW

1. 아래 원본 대화에서 주의해야 할 리스닝 **TIP**을 생각나는 대로 적어본다.
2. 원본을 들으면서 현지 상황의 전체 대화 뉘앙스와 의미를 복습해 본다.

A : How are you doing today?

A : (티케팅 부스에 있는 직원에게) 안녕하세요.

B : Hello, how many do you have?

B : 안녕하세요. 예매권 몇 장 갖고 있으세요?

A : We have 3 vouchers for you today.

A : 오늘 날짜로 예매권 3장이요.

B : Would you like to go now?

B : 지금 투어 하실 건가요?

A : Yes, please.

A : 네.

B : And where you from, sir?

B : 어디서 오셨죠?

A : South korea.

A : 한국이요.

오늘의 리스닝 TIP

A : How long are we able to stay up there?

B : **Ah, we close at** 8.

A : Here you go.

B : Thank you, sir. Have a good one.

A : You're welcome, enjoy.

B : Thank you.

➤ 강의를 들으면서 순서대로 쭉 따라오세요.

KEY STEP 1

How long are we able to stay up there?

A.P How long = 얼마 동안

KEY STEP 2

How long are we able to stay up there?

(회화에서 원어민들은 'be' 동사 'are'은 많이 생략해서 발음한다.)

KEY STEP 3

How long are we able to stay up there?

A.P be able to ~ = ~ 할 수 있다.
A.P stay up there = 저기 위에 머물다.

KEY STEP 4

Ah, we close at 8.

(문장 앞에 'Ah' 같은 추임새로 시작하면 뒤의 단어 'we'와 연음이 돼서 리스닝이 어려울 수 있다.)

KEY STEP 5

Ah, we **close at** 8.

A.P at = 시간 앞에 쓰는 전치사

('**close at**' 두 개의 단어가 연음이 돼서 '클로셋'이라고 발음된다.)

Here you go.

A.P Here you go. = 여기 있습니다.

DIALOGUE REVIEW

1. 아래 원본 대화에서 주의해야 할 리스닝 TIP을 생각나는 대로 적어본다.
2. 원본을 들으면서 현지 상황의 전체 대화 뉘앙스와 의미를 복습해 본다.

A : How long are we able to stay up there?

A : 저 위에서는 몇 시까지 있을 수 있나요?

B : Ah, we close at 8.

B : 아, 저희 8시까지 합니다.

B : Here you go.

B : (입장권을 건네주면서) 여기 있습니다.

A : Thank you, sir. Have a good one.

A : 감사합니다. 좋은 하루 되세요.

B : You're welcome, enjoy.

B : 천만에요. 즐거운 투어 되세요.

A : Thank you.

A : 감사합니다.

오늘의 리스닝 TIP

C : Welcome. Right this way. Come on down.

C : Have **your** tickets and stop **at** security.

➤ 강의를 들으면서 순서대로 쭉 따라오세요.

KEY STEP 1

Welcome. Right this way.

('right' 뒤의 't' 발음은 받침발음 한다. 뒤에 'this' 단어와 연음된다.)

KEY STEP 2

Welcome. Right this way.

A.P. Right this way = 바로 이쪽입니다.

KEY STEP 3

Come on down.

A.P. Come on down. = 이쪽으로 오세요.

KEY STEP 4

Have **your** tickets,

('your' 발음을 명확하게 하지 않는다.)

KEY STEP 5

Have your tickets,

A.P. Have your tickets. = 티켓 미리 준비하세요, 티켓 미리 챙기세요. 　문장 반드시 암기!

KEY STEP 6

Have your tickets and stop **at** security.

(전치사 'at'은 뒤에 't'가 있기 때문에 명확하게 발음하지 않는다.)

169

Have your tickets and stop at <u>security</u>.

A.P. security = 안전 요원 / 보안 / 검색대
('security'처럼 't'가 단어 중간에 올 경우 약한 'd'로 발음한다.)

DIALOGUE REVIEW

1. 아래 원본 대화에서 주의해야 할 리스닝 TIP을 생각나는 대로 적어본다.
2. 원본을 들으면서 현지 상황의 전체 대화 뉘앙스와 의미를 복습해 본다.

A : Sir, which line do I need to get in?
A : (줄 안내하는 직원에게) 저기, 전 어느 줄에 서야 하죠?

B : have a voucher, right?
B : 바우처 있죠?

A : Yeah, I have a voucher, so which is my line?
A : 네, 바우처 있어요. 그럼 제 줄이 어디죠?

B : Right, there's a line to a two, for vouchers right there.
B : (저쪽을 가리키면서) 좋아요. 저쪽에 바우처용 2번 줄이 있어요.

A : Okay, thank you sir.
A : 네, 감사합니다.

B : Sure.
B : 그래요.

A : How are you doing today?
A : (티케팅 부스에 있는 직원에게) 안녕하세요.

B : Hello, how many do you have?
B : 안녕하세요. 예매권 몇 장 갖고 있으세요?

A : We have 3 vouchers for you today.
A : 오늘 날짜로 예매권 3장이요.

B : Would you like to go now?

B : 지금 투어 하실 건가요?

A : Yes, please.

A : 네.

B : And where you from, sir?

B : 어디서 오셨죠?

A : South korea.

A : 한국이요.

A : How long are we able to stay up there?

A : 저 위에서는 몇 시까지 있을 수 있나요?

B : Ah, we close at 8.

B : 아, 저희 8시까지 합니다.

B : Here you go.

B : (입장권을 건네주면서) 여기 있습니다.

A : Thank you, sir. Have a good one.

A : 감사합니다. 좋은 하루 되세요.

B : You're welcome, enjoy.

B : 천만에요. 즐거운 투어 되세요.

A : Thank you.

A : 감사합니다.

C : Welcome. Right this way. Come on down.

C : 환영합니다. 바로 이쪽입니다. 이리로 오세요.

C : Have your tickets and stop at security.

C : 티켓 준비해 주시고요, 검색대 앞에 서주세요.

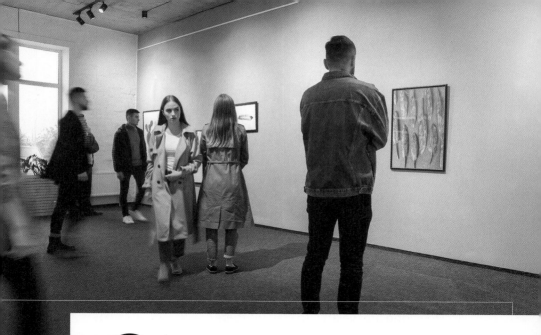

 갤러리 투어 할 때의 대화

WEAK POINT

갤러리는 상대적으로 조용한 분위기에서 이루어지는 대화가 많다. 그러나
대형 미술관의 경우 관람객 짐에 대한 제약도 있어 따로 보관을 해야 하고,
서비스로 오디오 가이드도 제공하는 등 각 부대 장소를 제대로 이용할 수
있도록 미리 학습을 해두자.

대형 미술관 관람 순서는

1. 티케팅을 한다.
2. 전시관에 들어가기 전에 짐이나 옷을 맡긴다.
3. 전시관 앞에서 오디오 가이드를 빌린다.
4. 관람 후, 오디오 가이드를 빌린 장소에 가서 반납한다.
5. 전시관을 나와서 짐 보관소에서 짐을 찾는다.

오늘의 리스닝 TIP

B : Down the hall, to the left for tickets.

A : **Sir**, are the tickets this way?

C : Straight, To the right and then left.

A : Right and then left. Thank you! right and then left.

➤➤ 강의를 들으면서 순서대로 쭉 따라오세요.

KEY STEP 1

Down the hall, to the left for tickets.

A.P. Down the hall = 복도를 따라 내려가세요.

KEY STEP 2

Down the hall, to the left for tickets.

('**left**'의 '**t**'는 뒤의 '**for**' 단어가 오기 때문에 발음하지 않는다.)

KEY STEP 3

Sir, are the tickets this way?

(문장 앞에 '**Sir**'이란 단어가 오면 다음 단어와 연음이 돼서 리스닝이 어려운 경우가 많다.)

KEY STEP 4

Sir, are the tickets this way?

(회화상에서 '**be**' 동사 '**are**'은 생략하는 경우가 많다.)

KEY STEP 5

Straight, To the right and then left.

('**Straight**' 뒤의 '**t**'는 받침발음을 한다. '**and**'에서의 '**d**'와 다음 단어 '**then**'의 '**th**'가 서로 충돌해서 연음처럼 발음된다.)

Right an**d th**en left. Thank you. right an**d th**en left.

('**and**'에서의 '**d**'와 다음 단어 '**then**'의 '**th**'가 서로 충돌해서 연음처럼 발음된다.)

DIALOGUE REVIEW

1. 아래 원본 대화에서 주의해야 할 리스닝 **TIP**을 생각나는 대로 적어본다.
2. 원본을 들으면서 현지 상황의 전체 대화 뉘앙스와 의미를 복습해 본다.

B : Down the hall, to the left for tickets.

B : 티케팅은 복도쪽으로 내려가셔서 왼쪽입니다.

A : Sir, the tickets this way?

A : 저기요, 티케팅하려면 이쪽으로 가나요?

C : Straight, To the right and then left.

C : 이리 쭉 가셔서 오른쪽으로 도셨다가 왼쪽이요.

A : Right and then left. Thank you! right and then left.

A : 오른쪽으로 돌다 왼쪽. 감사합니다! 오른쪽으로 돌다 왼쪽.

오늘의 리스닝 TIP

A : Sorry, **sir**. I didn't see you. We got some vouchers.

B : Yes 3?

A : Yes, sir.

A : How much **are** tickets normally?

B : They start at 25.

A : 25 for adults, seniors 18, students 14, 16 and under, free.

A : Okay.

➡ 강의를 들으면서 순서대로 쭉 따라오세요.

KEY STEP 1

Sorry, **sir**. I didn't see you.

('sir'은 문장 내에서도 리스닝을 방해하는 요소이다. 앞 두 단어와 연음되는 발음을 주의하자.)

KEY STEP 2

We got some vouchers.

('got' 동사는 많이 쓰이는 동사지만, 뒤의 단어 't'가 받침발음이 돼서 명확히 들리지 않는다.)

KEY STEP 3

How much **are** tickets normally?

A.P How much = 얼마인가요?
　　　('be' 동사 'are'도 발음이 명확히 되지 않는다.)

KEY STEP 4

How much are tickets normally?

A.P normally = 보통, 일반적으로

KEY STEP 5

They star**t at** 25.

('**start**' 뒤의 '**t**'는 '**r**' 다음에 나와서 발음이 안 되고 '**at**' 뒤의 '**t**'는 받침발음으로 된다.)

A.P. start = 티켓 가격이 시작되다.

KEY STEP 6

25 for adults, seniors 18, students 14, 16 and under, free.

A.P. '티켓 가격 + for + 나이' 혹은 '연령대 + 티켓 가격'

DIALOGUE REVIEW

1. 아래 원본 대화에서 주의해야 할 리스닝 **TIP**을 생각나는 대로 적어본다.
2. 원본을 들으면서 현지 상황의 전체 대화 뉘앙스와 의미를 복습해 본다.

A : Sorry, sir. I didn't see you. We got some vouchers.

A : 죄송해요. 못 봤어요. 저희 바우처 있어요.

B : Yes 3?

B : 네 3명이시죠?

A : Yes, sir.

A : 네.

A : How much are tickets normally?

A : 보통은 티켓 가격이 얼마하나요?

B : They start at 25.

B : 25불부터예요.

A : 25 for adults, seniors 18, students 14, 16 and under, free.

A : 성인은 25불이고, 노인은 18불, 학생은 14불, 16세 이하는 무료예요.

A : Okay.

A : 알겠습니다.

오늘의 리스닝 TIP

A : Hello.

B : Hi.

A : I have to leave my bag pack here. Is **that** correct?

B : Yes.

A : Alright. Do you know where the audio devices for the···

B : Right there.

A : Thank you.

➤ 강의를 들으면서 순서대로 쭉 따라오세요.

KEY STEP 1

I have to leave my bag pack here. Is that correct?

A.P leave my luggage. = 짐을 맡기다.

* Can I leave my luggage here? = 여기에 짐 좀 맡길 수 있을까요? 문장 반드시 암기!

KEY STEP 2

I have to leave my bag pack here. Is that correct?

A.P have to leave = 맡겨야 한다.

KEY STEP 3

I have to leave my bag pack here. Is **that** correct?

('**that**'이 '**be**' 동사 '**Is**'와 함께 오니 '**th**'가 약하게 발음된다.)

A.P bag pack : 배낭
A.P Is that correct? : 맞는 거죠?

KEY STEP 4

Do you know where the audio devices for the···

A.P the audio devices = 오디오 가이드 = audio guide = audio kit

DIALOGUE REVIEW

1. 아래 원본 대화에서 주의해야 할 리스닝 TIP을 생각나는 대로 적어본다.
2. 원본을 들으면서 현지 상황의 전체 대화 뉘앙스와 의미를 복습해 본다.

A : Hello.

A : 안녕하세요.

B : Hi.

B : 네. 안녕하세요.

A : I have to leave my bag pack here. Is that correct?

A : 여기에 제 배낭을 맡겨야 한다는데 여기 맞죠?

B : Yes.

B : 네.

A : Alright. Do you know where the audio devices for the…

A : 그래요. 오디오 가이드는 어디 있는지 아세요?

B : Right there.

B : 바로 저기에 있어요.

A : Thank you.

A : 감사합니다.

오늘의 리스닝 TIP

B : Hello.

A : Is this **where** I can return the audio device?

B : Yes, what's your last name?

A : Nelson. N.E.L. there you go!

A : Thank you. You guys have a great day.

C : You too!

A : Hello. I'm here to pick up my bag.

D : Down there. The last one.

A : Thank you very much! Have a good day!

➤ 강의를 들으면서 순서대로 쭉 따라오세요.

KEY STEP 1

Is this where I can return the audio device?

A.P the audio device = 오디오 가이드 = audio guide = audio kit

KEY STEP 2

Is this where I can return the audio device?

A.P return = 빌렸던 물건을 되돌려 주다.

KEY STEP 3

Is this **where** I can return the audio device?

('**where**'가 문장 중간에 있으면 발음할 때 '웨얼'이라고 명확하게 발음하지 않고 약하게 거의 뭉쳐서 발음된다.)

A.P Is this where ~ : 여기가 ~ 하는 곳인가요?

KEY STEP 4

Yes, what's your last name?

A.P last name = 성

179

KEY STEP 5

Nelson. N.E.L. there you go!

A.P. there you go = '본인 I.D. 카드를 발견하고' 저기 있네요.

KEY STEP 6

Hello. I'm here to pick up my bag.

A.P. Here to ~ : ~ 하러 왔어요.
 (I'm here to pick up my bag. = 앞의 '주어 + be동사'는 발음에서 주로 생략해서 말하기도 한다. 뒤의 to부정사도 발음에서 주로 생략한다.)

KEY STEP 7

Hello. Here to pick up my bag.

A.P. pick up = 맡겨 놓은 것을 찾으러 왔다.

KEY STEP 8

Down there. The last one.

A.P. Down there. = 저기 있어요. The last one. = 마지막 거요.

DIALOGUE REVIEW

1. 아래 원본 대화에서 주의해야 할 리스닝 **TIP**을 생각나는 대로 적어본다.
2. 원본을 들으면서 현지 상황의 전체 대화 뉘앙스와 의미를 복습해 본다.

B : Down the hall, to the left for tickets.
B : 티케팅은 복도쪽으로 내려가셔서 왼쪽입니다.

A : Sir, the tickets this way?
A : 저기요, 티케팅하려면 이쪽으로 가나요?

C : Straight, To the right and then left.
C : 이리 쭉 가셔서 오른쪽으로 도셨다가 왼쪽이요.

A : Right and then left. Thank you! right and then left.
A : 오른쪽으로 돌다 왼쪽. 감사합니다! 오른쪽으로 돌다 왼쪽.

A : Sorry, sir. I didn't see you. We got some vouchers.

A : (티케팅 테이블에서) 죄송해요. 못 봤어요. 저희 바우처 있어요.

B : Yes 3?

B : 네 3명이시죠?

A : Yes, sir.

A : 네.

A : How much are tickets normally?

A : 보통은 티켓 가격이 얼마하나요?

B : They start at 25.

B : 25불부터 예요.

A : 25 for adults, seniors 18, students 14, 16 and under, free.

A : 성인은 25불이고, 노인은 18불, 학생은 14불, 16세 이하는 무료예요.

A : Okay.

A : 알겠습니다.

A : Hello.

A : (지하 짐 보관소에서) 안녕하세요.

B : Hi.

B : 네. 안녕하세요.

A : I have to leave my bag pack here. Is that correct?

A : 여기에 제 배낭을 맡겨야 한다는데 여기 맞죠?

B : Yes.

B : 네.

A : Alright. Do you know where the audio devices for the···

A : 그래요. 오디오 가이드는 어디 있는지 아세요?

B : Right there.

B : 바로 저기에 있어요.

A : Thank you.

A : 감사합니다.

B : Hello.

B : (오디오 가이드 대여 장소에서) 안녕하세요.

A : Is this where I can return the audio device?

A : 여기가 오디오 가이드 반납하는 곳인가요?

B : Yes, what's your last name?

B : 네, 성이 어떻게 되시죠?

A : Nelson. N.E.L. there you go!

A : Nelson이요. N, E, L이요. (자기 ID발견하고는) 아, 저기 있네요.

A : Thank you. You guys have a great day.

A : 감사합니다. 좋은 하루 되세요

C : You too!

C : 여러분도요.

A : Hello. Here to pick up my bag.

A : (지하 짐 보관소에서) 안녕하세요. 제 가방 찾으러 왔습니다.

D : Down there. The last one.

D : 저기 아래예요, 마지막에 있는 거요.

A : Thank you very much! Have a good day!

A : 감사합니다. 좋은 하루 보내세요!

잔돈 바꿀 때의 대화

WEAK POINT

가장 곤란하고 어려운 현지 대화 중 하나가 바로 잔돈을 바꿔달라고 요청하는 상황이다. 보통 미국은 은행도 우리와 시스템이 달라서 어디서나 잔돈 바꾸기가 쉽지는 않다. 또한, TIP 문화가 발달되어 있어서 늘 가는 곳마다 잔돈이 꼭 필요하기도 하다. 잔돈을 바꾸는 상황은 '식당' 이나 '상점' 등에서 이루어지기 때문에 왕초보 단계에서는 잔돈을 바꾸기 위한 표현을 간단히 공부해 보기로 한다.

오늘의 리스닝 TIP

A : **That was** delicious.

B : Oh yeah, I'm glad you like it.

A : Thank you so much.

A : Quick question, do you have change for ⓐ hundred?

A : Oh, yeah, that's too bad. Thank you.

➤➤ 강의를 들으면서 순서대로 쭉 따라오세요.

KEY STEP ❶

That was delicious.

(회화 문장 상에서 스쳐 지나가기 쉬운 '주어+동사', 'that was' 같은 표현도 주의한다.)

KEY STEP ❷

Oh yeah, I'm glad you like it.

A.P. I'm glad ~ : ~ 하다니 기쁘네요. ~ 다행이네요.

KEY STEP ❸

Quick question, do you have change for a hundred?

A.P. Quick question. = I have a quick question. = 저 질문 있는데요.

KEY STEP ❹

Do you have change for a hundred?

A.P. change = 잔돈

    * Do you have change for ~ : ~ 짜리 바꿀 잔돈 있으세요? 문장 반드시 암기!

KEY STEP ❺

do you have change for ⓐ hundred?

('a' 같은 관사는 회화상에서 빨리 발음하다 보니까 발음이 명확하지 않다.)

A.P. a hundred = 100불

DIALOGUE REVIEW

1. 아래 원본 대화에서 주의해야 할 리스닝 TIP을 생각나는 대로 적어본다.
2. 원본을 들으면서 현지 상황의 전체 대화 뉘앙스와 의미를 복습해 본다.

A : That was delicious.

A : 음식 정말 맛있었어요.

B : Oh yeah, I'm glad you like it.

B : 아 그래요? 좋아하셨다니 다행이네요.

A : Thank you so much.

A : 감사합니다.

A : Quick question, do you have change for a hundred?

A : 아, 질문 있는데요, 혹시 100불짜리 바꿔 주실 잔돈 있을까요?

A : Oh, yeah, that's too bad. Thank you.

A : (안 된다고 손짓하자) 아 그래요, 할 수 없죠. 감사합니다!

Let's 뉴욕 - 잔돈 바꾸기2 - 가게에서 잔돈 바꾸기

오늘의 리스닝 TIP

A : How're you doing?

A : Quick question, <u>do you have change for a hundred</u>?

B : Not right now, I don't, no.

A : No. Alright.

C : <u>I do</u>.

A : Thank you, <u>are you sure</u>?

C : **Is it** real?

A : Oh, yes, real.

C : You <u>just</u> made it?

A : It's real from the printing machine.

A : Thanks you, guys.

➤ 강의를 들으면서 순서대로 쭉 따라오세요.

KEY STEP 1

Do you have change for a hundred?

A.P. 100불을 잔돈으로 바꿔 주실 수 있나요? = do you have change for a hundred? 문장 반드시 암기!

KEY STEP 2

I do.

A.P. I do. = I have change for a hundred.

KEY STEP 3

Thank you, <u>are you sure</u>?

A.P. are you sure? = 진짜요?

KEY STEP 4

Is it real?

('**Is it**' 두 단어가 연음이 되어 '이싯'과 같이 발음된다.)

A.P real = 진짜의, 진실한

KEY STEP 5

You jus~~t~~ made it?

('**just**' 단어 뒤의 '**t**'는 '**s**' 다음에 오기 때문에 발음을 하지 않는다.)

KEY STEP 6

It's real from <u>the printing machine</u>.

A.P the printing machine. = 프린터 기기

DIALOGUE REVIEW

1. 아래 원본 대화에서 주의해야 할 리스닝 TIP을 생각나는 대로 적어본다.
2. 원본을 들으면서 현지 상황의 전체 대화 뉘앙스와 의미를 복습해 본다.

A : How're you doing?

A : (상점에 들어가면서) 안녕하세요.

A : Quick question, do you have change for a hundred?

A : 질문 있는데요, 100불짜리 바꿀 잔돈 있으신가요?

B : Not right now, I don't, no.

B : 지금 없어요. 안 되는데.

A : No. Alright.

A : 없나요? 알겠습니다.

C : I do.

C : 제가 있어요.

A : Thank you, are you sure?

A : 감사합니다. 진짜죠?

C : Is it real?

C : (지폐를 여기저기 둘러보며 장난스럽게) 진짜 돈이죠?

A : Oh, yes, real.

A : (웃으면서) 아, 네 진짜예요.

C : You just made it?

C : 방금 만들어낸 건 아니고요?

A : It's real from the printing machine.

A : (장난스럽게) 프린터 기기에서 뽑아낸 진짜랍니다.

A : Thanks you, guys.

A : (잔돈을 받아들고) 감사합니다.

대중 교통 버스 이용할 때의 대화

해외에 가면 대중교통을 이용할 일이 있는데 우리가 가장 애를 먹는 대중 교통 수단이 바로 버스이다. 지하철이나 기차는 노선과 시간이 정해져 있고, 택시는 승객에게 맞추어져 있기 때문에 이용하기가 상대적으로 수월하지만, 버스는 현지 지리에 익숙하지 않거나, 노선이나 시스템에 대해 모르고 있으면 전혀 엉뚱한 방향으로 가거나, 몇 번 갈아타야 하는 번거로움이 있을 수 있다. 여기서는 그런 실수를 줄이기 위해 버스를 이용하기 전에 필요한 가장 기초적인 대화를 공부해 보고자 한다.

버스를 탈 때 필요한 두 가지만 크게 명심하고 다음 강의를 들어가 보자.

1. 버스 요금 결제 방법 묻기
2. 버스 노선 물어보기

오늘의 리스닝 TIP

A : Excuse me, sir. I got a quick question about the bus.

I see (that) you're waiting for it.

➤➤ 강의를 들으면서 순서대로 쭉 따라오세요.

KEY STEP ❶

Excuse me, sir. I got a quick question about the bus.

A.P. I got a quick question about ~ : ~에 대해서 질문 있어요.
* 갤러리에 대해서 간단한 질문 있어요.
= I got a quick question about the gallery.
* 이 제품에 대해서 간단한 질문 있어요.
= i got a quick question about this product.

KEY STEP ❷

I see you're waiting for it.

A.P. I see you're waiting for it. = I see (that) you're waiting for it.
= 버스 기다리시는 거 같아서요.

DIALOGUE REVIEW

1. 아래 원본 대화에서 주의해야 할 리스닝 TIP을 생각나는 대로 적어본다.
2. 원본을 들으면서 현지 상황의 전체 대화 뉘앙스와 의미를 복습해 본다.

A : Excuse me, sir. I got a quick question about the bus.

I see you're waiting for it.

A : 실례합니다, 아까부터 버스 기다리시는 거 같아 여기 버스에 대해 좀 여쭤볼게요.

오늘의 리스닝 TIP

A : I'm from ou**t o**f town, so I don't know. I got this for the **subway**, **does this** card **also** work for the bus?

B : Yeah.

A : Perfect.

➤ 강의를 들으면서 순서대로 쭉 따라오세요.

KEY STEP 1

I'm from ou**t o**f town, so I don't know.

('**out of**' 단어에서 '**out**'의 '**t**'와 뒤의 단어 '**of**'가 연음이 돼서 '아돕'처럼 발음된다.)

KEY STEP 2

I'm from out of town, so I don't know.

A.P I'm from out of town. = 저는 시외에서 왔습니다. 저는 여기 사람이 아닙니다. 문장 반드시 암기!

KEY STEP 3

I got this for the **subway**, does this card also work for the bus?

(리스닝에서 가장 주의해야 할 점은 너무 쉽거나 익숙한 단어만 들리는 경우이다. 전체 문장을 못 알 아들었을 경우, 그 단어를 중심으로 자신만의 이야기를 만들어낼 수 있기 때문이다. 이 문장이 아주 좋은 예이다.)

KEY STEP 4

I got this for the subway, does this card also work for the bus?

A.P I got this for ~ : 제가 ~ 때문에 이걸 샀습니다.

KEY STEP 5

Does this card also work for the bus?

A.P 질문을 할 때 = Do you ~? / Does it ~? / Does this ~?
(우리가 'Does this'처럼 많이 쓰이지 않는 질문 형태도 리스닝에서 주의한다.)

191

Does this card **also** work for the bus?

(문장 내에서 '**also**'같은 부사가 동사 앞에 위치하고 있어도 리스닝 할 때 상당히 어려울 수 있다.)

does this card also <u>work</u> for the bus?

A.P. work = 효력이 발생하다, 효과가 있다.

DIALOGUE REVIEW

1. 아래 원본 대화에서 주의해야 할 리스닝 TIP을 생각나는 대로 적어본다.
2. 원본을 들으면서 현지 상황의 전체 대화 뉘앙스와 의미를 복습해 본다.

A : I'm from out of town, so I don't know. I got this for the subway, does this card also work for the bus?

A : 저 여기 처음인데요, 잘 모르겠어서요. 지하철용으로 이 카드를 샀는데, 버스에서도 사용할 수 있나요?

B : Yeah.

B : 그럼요.

A : Perfect.

A : 너무 좋네요.

오늘의 리스닝 TIP

A : That's good enough, thank you sir.
B : Where **are** you going?
A : We're gonna Pier 78.
B : Oh, so you're going downtown.
A : Yeah.

➤➤ 강의를 들으면서 순서대로 쭉 따라오세요.

KEY STEP 1

That's good enough, thank you sir.

A.P That's good enough. = 너무 좋은 정보네요.

KEY STEP 2

Where **are** you going?

(회화상에서 'be' 동사 즉, 'are' 발음을 명확히 하지 않는다.)

KEY STEP 3

We're gonna Pier 78.

A.P We're gonna + 장소 = We're going to + 장소 = We're going to (go to) + 장소

KEY STEP 4

We're gonna Pier 78.

A.P Pier = 부두, 선착장

KEY STEP 5

Oh, so you're going downtown.

A.P be going to downtown = 'downtown'은 부사로 사용되기 때문에 앞에 'to'를 사용하지 않는다.
   * We are going to home. = 'home'도 부사로 사용되기 때문에 앞에 'to'를 사용하지 않는다.
   * 명사 같은 부사 = downtown, home 앞에는 절대 전치사를 사용하지 않는다. 단어 반드시 암기!

DIALOGUE REVIEW

1. 아래 원본 대화에서 주의해야 할 리스닝 TIP을 생각나는 대로 적어본다.
2. 원본을 들으면서 현지 상황의 전체 대화 뉘앙스와 의미를 복습해 본다.

A : That's good enough, thank you sir.

A : 정말 좋은 정보네요. 감사합니다.

B : Where are you going?

B : 어디로 가시는데요?

A : We're gonna Pier 78.

A : 78번 선착장으로 가려고요.

B : Oh, so you're going downtown.

B : 아, 그럼 시내로 가시는 군요.

A : Yeah.

A : 네.

오늘의 리스닝 TIP

B : Okay, <u>This **is**</u> the bus 11.

A : 11 is the bus <u>we got**t**a</u> take?

B : Yeah.

A : Is that the bus <u>you're **taking**</u>?

B : Yep.

➤ 강의를 들으면서 순서대로 쭉 따라오세요.

KEY STEP 1

Okay, <u>This **is**</u> the bus 11.

('**be**' 동사인 '**is**'를 약하게 발음한다.)

KEY STEP 2

11 is the bus <u>we got**t**a take</u>?

A.P. take = 대중교통을 타다

A.P. 11 is the bus. + We gotta take.

A.P. we gotta take = 우리가 타야 하는
('gotta'에서 중간의 'tt'는 약한 'd' 혹은 'ㄹ' 발음을 한다.)

KEY STEP 3

Is that the bus <u>you're taking</u>?

A.P. Is that the bus. + you're taking.

A.P. you're taking. = 당신이 탈

A.P. 미래형 = will / be going to / <u>be + ~ing</u>.

KEY STEP 4

Is that the bus <u>you're **taking**</u>?

(원어민이 발음할 때 '**ing**' 발음은 '잉'이라고 잘 하지 않고 끝에 '인'으로 하는 경우도 많다.)

DIALOGUE REVIEW

B : Okay, This is the bus 11.

B : (버스를 가리키면서) 그래요, 이 버스가 거기까지 가는 11번 버스예요.

A : 11 is the bus we gotta take?

A : 저희가 타야 하는 버스가 11번 버스인가요?

B : Yeah.

B : 네.

A : Is that the bus you're taking?

A : 혹시 저 버스 타고 가시나요?

B : Yep.

B : 네. 그럼요.

오늘의 리스닝 TIP

A : **We're** riding **to**gether <u>then</u>.

A : Okay.

A : Thank you so much, let me <u>go get</u> my friends.

B : Alright.

A : Before they make that <u>purchase</u>.

A : Thank you, sir.

B : Alright.

➤ 강의를 들으면서 순서대로 쭉 따라오세요.

KEY STEP 1

We're riding together <u>then</u>.

A.P then = 그러면

KEY STEP 2

We're riding together then.

(원어민들은 문장 앞의 '주어+동사'를 줄여서 약하게 발음한다. '**We're**'도 거의 '월'로 들린다.)

A.P take = 버스를 타다, 택시를 타다.
   * ride = 올라타다 / 타다

KEY STEP 3

We're riding **to**gether then.

(원어민들은 '**to**' 발음을 거의 안 하니까 여기 '**together**'에서도 앞에 '**to**'는 문장 상에서 약하게 '**do**'로 들린다.)

KEY STEP 4

let me <u>go get</u> my friends.

A.P go get ~ = ~ 하러 가다 / ~ 찾으러 가다 / ~ 사러 가다 / ~ 가지러 가다. [표현 반드시 암기!]
   * go get + 사물 : ~를 가지러 가다.
   * go get + 사람 : ~를 데리러 가다.

Before they make that purchase.

A.P purchase = (동) 가격을 지불하다, 구매하다 (명) 구매

* make a purchase = 구매를 하다.　　　　　　* make an online purchase : 온라인 구매를 하다.

* make a cash purchase : 현금 구매를 하다.　　* make that purchase : 그것을 구매하다.

DIALOGUE REVIEW

1. 아래 원본 대화에서 주의해야 할 리스닝 TIP을 생각나는 대로 적어본다.
2. 원본을 들으면서 현지 상황의 전체 대화 뉘앙스와 의미를 복습해 본다.

A : Excuse me, sir. I got a quick question about the bus. I see you're waiting for it.

A : 실례합니다, 아까부터 버스 기다리시는 거 같아 여기 버스에 대해 좀 여쭤볼게요.

A : I'm from out of town, so I don't know. I got this for the subway, does this card also work for the bus?

A : 저 여기 처음인데요, 잘 모르겠어서요. 지하철용으로 이 카드를 샀는데, 버스에서도 사용할 수 있나요?

B : Yeah.

B : 그럼요.

A : Perfect.

A : 너무 좋네요.

A : That's good enough, thank you sir.

A : 정말 좋은 정보네요. 감사합니다.

B : Where are you going?

B : 어디로 가시는데요?

A : We're gonna Pier 78.

A : 78번 선착장으로 가려고요.

B : Oh, so you're going downtown.

B : 아, 그럼 시내로 가시는 군요.

A : Yeah.

A : 네.

B : Okay, This is the bus 11.

B : (버스를 가리키면서) 그래요, 이 버스가 거기까지 가는 11번 버스예요.

A : 11 is the bus we gotta take?

A : 저희가 타야 하는 버스가 11번 버스인가요?

B : Yeah.

B : 네.

A : Is that the bus you're taking?

A : 혹시 저 버스 타고 가시나요?

B : Yep.

B : 네. 그럼요.

A : We're riding together then.

A : 그럼 저희 같은 버스 타겠네요.

A : Okay.

A : 잘 됐네요.

A : Thank you so much, let me go get my friends.

A : 너무 감사합니다. 가서 친구들 좀 데리고 와야겠어요.

B : Alright.

B : 그렇게 하세요.

A : Before they make that purchase.

A : 친구들이 또 버스 카드 구매하기 전에요.

A : Thank you, sir.

A : 감사합니다.

B : Alright.

B : 그래요.

 공항에서의 안내방송

공항 안내 방송은 다소 공식적이고 딱딱한 표현을 사용하기 때문에, 방송은 크게 들리지만 정확한 의미를 잘 모르는 경우가 많다. 특히나 외국 공항의 경우 노선이 급작스럽게 바뀐다거나 노조 파업등으로 여러 변수가 발생할 수 있으니 기본적인 표현은 반드시 연습해 두도록 하자.

오늘의 리스닝 TIP

AN : **If** this **is your** first travel on <u>ESTA</u>, please <u>use</u> area 2 or 3.

➤➤ 강의를 들으면서 순서대로 쭉 따라오세요.

KEY STEP 1

If this is your first travel on <u>ESTA</u>, please use area 2 or 3.

A.P. ESTA : 전자 여행 허가서

KEY STEP 2

If this is your first travel on <u>ESTA</u>, please use area 2 or 3.

(가정법 'If'는 회화상에서 원어민들이 발음을 명확하게 하지 않는다. 문맥상으로 보통 알아듣는다.)

KEY STEP 3

If this **is your** first travel on <u>ESTA</u>, please use area 2 or 3.

('is'와 'your'이 앞뒤로 서로 연음이 되어 발음했다.)

KEY STEP 4

please <u>use</u> area 2 or 3.

A.P. use = 이용하다, 사용하다.

DIALOGUE REVIEW

1. 아래 원본 대화에서 주의해야 할 리스닝 TIP을 생각나는 대로 적어본다.
2. 원본을 들으면서 현지 상황의 전체 대화 뉘앙스와 의미를 복습해 본다.

AN : If this is your first travel on ESTA, please use area 2 or 3.

안내 : 만약 ESTA를 가지고 처음 입국하시는 분들은, 2구역이나 3구역을 이용해 주세요.

오늘의 리스닝 TIP

AN : Once again, *Delta* **is** looking for the following passenger :
Moore, Andrew, who's going to Las Vegas. Please come to the
in front of the line to contact delta representative. Thank you.

➤ 강의를 들으면서 순서대로 쭉 따라오세요.

KEY STEP 1

Once again, *Delta* is looking for the following passenger : Moore, Andrew,
who's going to Las Vegas.

A.P. Once again = 다시 한번 말씀드립니다.

KEY STEP 2

Once again, Delta is looking for the following passenger : Moore, Andrew,

A.P. following : 다음, 다음의. passenger : 승객
 * the following passenger = 다음과 같은 승객

KEY STEP 3

Once again, *Delta* **is** looking for the following passenger : Moore, Andrew,
('be' 동사 'is' 발음을 명확하게 하지 않는다.)

KEY STEP 4

Once again, *Delta* **is** looking for the following passenger : Moore, Andrew,
 who's going to Las Vegas.

A.P. who's going to ~ : 행선지가 ~ 인

KEY STEP 5

Please come to the in front of the line to contact Delta representative.
Thank you.

A.P. Please come to ~ : ~ 로 오세요.

KEY STEP ⑥

Please come to the, <u>in front of the line</u> to contact Delta representative.
Thank you.

('front'의 't'도 'n' 다음에 오기 때문에 발음을 하지 않는다.)

A.P in front of the line : 대기줄 앞으로

KEY STEP ⑦

Please come to the, in front of the line to <u>contact</u> *Delta* <u>representative</u>.
Thank you.

A.P contact = 접촉하다, 연락하다.
A.P representative : 대표, 담당자 단어 반드시 암기!

DIALOGUE REVIEW

1. 아래 원본 대화에서 주의해야 할 리스닝 TIP을 생각나는 대로 적어본다.
2. 원본을 들으면서 현지 상황의 전체 대화 뉘앙스와 의미를 복습해 본다.

AN : Once again, *Delta* is looking for the following passenger :
Moore, Andrew, who's going to Las Vegas. Please come to the
in front of the line to contact delta representative. Thank you.

안내 : 다시 한번 말씀드립니다. 델타 항공에서 라스베가스가 행선지인 Moore
Andrew 씨를 찾고 있습니다. 델타 항공 담당자와 연락해야 하니 대기줄 앞
으로 나와 주시면 감사하겠습니다.

영국편 [런던]

기내 기내에서의 대화

WEAK POINT

장시간 비행을 하다 보면, 승무원에게 여러 가지 요청을 하는 경우가 많다. 각종 필요한 서비스 요청뿐 아니라, 기내식 제공 시간 및 메뉴 주문 등 주로 승무원과 1:1로 대화가 진행되는데, 마찬가지로 기내의 기계 소음도 고려를 해야 하며 런던편부터는 우리가 알고 있던 원어민들의 발음과 전혀 다른 영국식 발음의 법칙을 공부해 보도록 하자.

오늘의 리스닝 TIP

A : Excuse me.

B : Yes?

A : My friend is wondering if you have any slippers **or** anything.

B : Oh, we only have socks.

➤➤ 강의를 들으면서 순서대로 쭉 따라오세요.

KEY STEP ❶

My friend is wondering if you have any slippers or anything.

A.P be wondering if ~ : 혹시 ~ 일지 궁금해하고 있어요.

KEY STEP ❷

My friend is wondering if you have any slippers or anything.

A.P if you have any ~ : 혹시 ~가 있는지

KEY STEP ❸

My friend is wondering if you have any slippers or anything.

A.P slippers : 기내 슬리퍼

KEY STEP ❹

My friend is wondering if you have any slippers **or** anything.

('**and**'나 '**or**' 단어가 문장 사이에 들어가면 발음이 왜곡이 많이 된다.)

A.P or anything = or something = ~거나 다른 거 / 뭐 그런 거 〔표현 반드시 암기!〕

KEY STEP ❺

Oh, we only have socks.

A.P we only have ~ : ~ 만 구비되어 있어요.
A.P socks : 양말

Oh, we only have socks.

A.P. 알파벳 'O' 발음

= 미국 발음 : 아 / 어 / 오

= 영국 발음 : 오

* COFFEE / SHOP / GOT / OH MY GOD : 모두 영국에서는 '오'라고 발음된다.

DIALOGUE REVIEW

1. 아래 원본 대화에서 주의해야 할 리스닝 TIP을 생각나는 대로 적어본다.
2. 원본을 들으면서 현지 상황의 전체 대화 뉘앙스와 의미를 복습해 본다.

A : Excuse me.

A : 저기요.

B : Yes?

B : 네?

A : My friend is wondering if you have any slippers or anything.

A : 제 친구가 기내에 혹시 슬리퍼나 그런 거 있는지 궁금해하는데요.

B : Oh, we only have socks.

B : 아, 저희 양말만 구비되어 있습니다.

오늘의 리스닝 TIP

A : Excuse me.

B : Yes?

A : How long **until** the first meal?

B : **A**fter take-off, we'll <u>serve</u> the cocktail, and then the first meal,
   so I think maybe 1 hour from now on.

A : Thank you.

➤ 강의를 들으면서 순서대로 쭉 따라오세요.

KEY STEP 1

How long until the first meal?

A.P. How long ~? : 얼마나 오래 걸리나요?

KEY STEP 2

How long until <u>the first meal</u>?

A.P. the first meal = 첫 번째 식사

KEY STEP 3

How long **until** the first meal?

('until' 앞, 뒤로 단어와 연음이 되어 명확히 '언틸'이라고 발음하지 않는다.)

A.P. until ~ = ~ 까지
   * How long until ~ : ~ 까지 얼마나 걸리나요? 표현 반드시 암기!

KEY STEP 4

After take-off,

A.P. take-off : 이륙

KEY STEP 5

After take-off,

A.P. 알파벳 'A' 발음

= 영국 발음 : 아

* ASK / AFTERNOON / CAN't : 모두 영국에서는 '아'라고 발음된다.

KEY STEP 6

After take-off, we'll serve the cocktail,

A.P. serve : 제공하다, 차리다

(영국식 발음은 'R' 발음을 전혀 하지 않는다. 단어 사이에 'R'이 있으면 무시해서 발음한다.)

A.P. 단어 사이에 알파벳 'R' 발음

= 미국 발음 : ㄹ

= 영국 발음 : 발음하지 않음.

* YEAR / NEAR / HAIR : 모두 영국에서는 'R' 발음 하지 않는다.

KEY STEP 7

and then the first meal, so I think maybe 1 hour from now on.

(밑줄 친 부분은 기내 소음이 커서 정확히 들리지 않으니 참고로만 알아두세요.)

KEY STEP 8

so I think maybe 1 hour from now on.

A.P. from now on : 지금부터

DIALOGUE REVIEW

1. 아래 원본 대화에서 주의해야 할 리스닝 TIP을 생각나는 대로 적어본다.
2. 원본을 들으면서 현지 상황의 전체 대화 뉘앙스와 의미를 복습해 본다.

A : Excuse me.

A : 저기요.

B : Yes?

B : 네?

A : How long until the first meal?

A : 첫 번째 기내식은 언제 나오나요?

B : After take-off, we'll serve the cocktail, and then the first meal, so I think maybe 1 hour from now on.

B : 이륙한 후, 저희가 칵테일부터 드리거든요. 그리고 첫 번째 기내식이 나와요. 아마도 지금부터 1시간 후에 나올 거 같아요.

A : Thank you.

A : 네 감사합니다.

오늘의 리스닝 TIP

A : That was <u>delicious</u>.

B : Really? Thank you.

B : <u>You're having the rice</u>?

A : Yeah, we ha**d th**e rice.

B : I will <u>try</u> it <u>late</u>r.

A : It's okay, you <u>don't have to</u> try it.

➤ 강의를 들으면서 순서대로 쭉 따라오세요.

- -

KEY STEP 1

That was <u>delicious</u>.

A.P. delicious : 맛있는

- -

KEY STEP 2

<u>You're having the rice</u>?

A.P. You're having the rice? = 밥으로 시키신 거죠? ⭕, 밥 드시고 계시죠? ❌
  : 문장 그대로 해석하면 어색하다. 이럴 때는 그 상황의 뉘앙스와 분위기를 참고한다.

- -

KEY STEP 3

Yeah, we ha**d th**e rice.

('**had**'의 '**d**'와 '**the**'의 '**th**'는 연음으로 함께 발음한다.)

- -

KEY STEP 4

I will <u>try</u> it later.

A.P. try = 먹어보다, 입어보다, ~해보다

- -

KEY STEP 5

I will try it <u>late</u>r.

A.P. 단어 끝에 알파벳 'R' 발음
  = 영국 발음 : 발음하지 않음.

I will try it la**t**er.

A.P 알파벳 'T' 발음

= 미국 발음 : 뭉개듯이 부드럽게

= 영국 발음 : 'ㅌ' 발음을 명확히 세게 발음

* WA**T**ER (워터-영국식) / SA**T**URDAY (새터데이-영국식)

It's okay, you <u>don't have to</u> try it.

A.P don't have to ~ : ~ 할 필요는 없다.

DIALOGUE REVIEW

1. 아래 원본 대화에서 주의해야 할 리스닝 TIP을 생각나는 대로 적어본다.
2. 원본을 들으면서 현지 상황의 전체 대화 뉘앙스와 의미를 복습해 본다.

A : That was delicious.

A : 식사 맛있었어요.

B : Really? Thank you.

B : 아 정말요? 감사합니다.

B : You're having the rice?

B : 밥으로 시키신 거죠?

A : Yeah, we had the rice.

A : 네, 밥 먹었어요.

B : I will try it later.

B : (호응해 주며) 나중에 저도 먹어봐야겠네요.

A : It's okay, you don't have to try it.

A : (웃으면서) 괜찮아요. 굳이 먹어볼 필요까지는 없어요.

 입국 심사할 때의 대화

입국 심사 장소는 우리가 늘 긴장하고 어려워하는 곳이다. 심사관마다 다르겠지만, 대개는 심사관들부터 분위기가 일단 엄숙하기 때문에 그 태도에 당황해서 말을 실수하는 경우가 있을 수 있으니 너무 어려워말고 또박또박 솔직하게 묻는 질문에 대답하면 된다. 너무 말을 많이 하거나 농담을 하려고 할 필요는 없다.

특히 한국인들의 경우 해외 입국 심사대에서 물어보는 질문이 순서가 정해져 있는 경우가 많으므로 다음 순서는 반드시 참고로 한다.

1. 체류 기간이 얼마인가?
2. 체류 목적이 무엇인가?
3. 체류 장소는 어디인가?
4. 경우에 따라서는 출국 날짜나 비행기 표를 보여달라고 요청하는 경우도 있다.

오늘의 리스닝 TIP

B : You're traveling together?

A : Yes.

B : So you're just in London for your 8 days.

A : Yep 8 days.

B : After that where do you go then?

A : Going back to South Korea.

B : Do you live there at the moment?

A : I do, yeah.

B : Do you have a residency card?

A : For south korea?

B : Yeah.

A : I do, but not on me. It's on my old passport.

B : Thank you.

A : Thank you.

A : Take care.

➤ 강의를 들으면서 순서대로 쭉 따라오세요.

KEY STEP 1

You're traveling together?

(각각 단어에 있는 알파벳 're' 나 'r'의 'r' 발음을 영국식에서는 해주지 않는다.)

KEY STEP 2

You're traveling together?

A.P. together = 함께, 일행이 있는 = 동행이 있다고 말할 때 쓰는 표현. 단어 반드시 암기!

So you're jus**t** in London for your 8 days.

(단어에 있는 알파벳 't'는 영국식에서는 발음을 명확히 해준다.)

So you'**re** just in London fo**r** you**r** 8 days.

(각각 단어에 있는 알파벳 're' 나 'r'의 'r' 발음을 영국식에서는 해주지 않는다.)

Afte**r** that, where do you go then?

('after'의 알파벳 'a'는 영국식 발음으로 '아'라고 발음하고, 뒤의 'r'은 발음하지 않는다.)

After that, whe**re** do you go **then**?

('where'는 영국식 발음으로 뒤의 're' 발음을 안 하니 주로 '웨'라고 발음이 된다.)

(미국식이나 영국식에서 모두 'then' 발음은 잘 안 들리니 주의한다.)

Going back to South Korea.

A.P (We are) going (to go) back to South Korea.

* go back = 다시 돌아가다.

Do you live there at the moment?

A.P at the moment = 지금

* now = 지금은 (조금 더 포괄적인의미)
* at the moment = 지금 현재는

I do, yeah.

A.P I do = I live there at the moment.

Do you have <u>a residency card?</u>

A.P a residency card = 외국에 거주할 수 있는 거주증, 영주권

I do, but <u>not on me.</u> It's on my ol<u>d</u> passport.

A.P on = ~에 접촉하여, ~에 붙어 있는
    * not on me = 지금은 나에게 없는, 갖고 있지 않은
    (단어에서 'L' 다음에 오는 'd'도 발음하지 않는다.)

DIALOGUE REVIEW

1. 아래 원본 대화에서 주의해야 할 리스닝 TIP을 생각나는 대로 적어본다.
2. 원본을 들으면서 현지 상황의 전체 대화 뉘앙스와 의미를 복습해 본다.

B : You're traveling together?
B : 일행이 있으신가요?

A : Yes.
A : 네.

B : So you're just in London for your 8 days.
B : 그럼 런던에 8일간 머무시는 거네요.

A : Yep 8 days.
A : 네 8일간이요.

B : After that, where do you go then?
B : 8일 지나면, 어디로 가세요?

A : Going back to South Korea.
A : 한국으로 돌아갑니다.

B : Do you live there at the moment?

B : 지금 현재 거기 거주하시는 건가요?

A : I do, yeah.

A : 네.

B : Do you have a residency card?

B : 외국인 거주증 같은 게 있으신 거예요?

A : For south korea?

A : 한국에서요?

B : Yeah.

B : 네.

A : I do, but not on me. It's on my old[x] passport.

A : 있어요. 지금은 안 갖고 있고요, 제 예전 여권에 있어요.

B : Thank you.

B : (입국 도장을 찍어주면서) 감사합니다.

A : Thank you.

A : 감사합니다.

A : Take care.

A : 수고하세요.

 조식에 필요한 대화

WEAK POINT

해외에서 호텔을 이용할 때, 그 나라의 음식을 쉽게 맛보면서 하루 일정을 계획할 수 있는 조식 시간은 지나칠 수 없는 또 하나의 설레는 상황 중 하나이다. 항상 호텔 체크인을 할 때 조식시간이 어디에서 몇 시에 서비스 되는지 확인해 두는 것이 중요하며, 호텔마다 룸 예약 시 제공되는 조식 시스템이 달라 각 상황에 맞춰 미리 학습해 두는 것이 좋다.

자, 영국에서는 호텔 직원들이 어떤 표현과 응대를 하는지 함께 공부해 보도록 하자.

오늘의 리스닝 TIP

A : Excuse me.

B : Yeah?

A : <u>Do you know</u> what time breakfast <u>starts</u>?

B : Six thi**r**ty.

A : 6:30.

B : Yeah.

A : Do you know what time <u>it ends</u>?

B : Eleven.

A : 6:30 **to** 11.

B : Yeah.

A : Thank you.

➤ 강의를 들으면서 순서대로 쭉 따라오세요.

KEY STEP 1

<u>Do you know</u> what time breakfast starts?

A.P Where / When / What time ~? = 직접적인 질문

Do you know + where / when / what time ~? = 조금 더 자연스럽고 매너 있는 질문

KEY STEP 2

Do you know what time breakfast <u>starts</u>?

A.P start : 호텔 조식 운영이 시작되다.

KEY STEP 3

Six thi**r**ty.

('**thirty**'의 '**r**' 발음 안하고, '**t**' 발음 명확히 해준다.)

Do you know what time it ends?

A.P it = breakfast, end = 호텔 조식 운영이 끝나다.

6:30 **to** 11.

(문장 발음 중에 '투'라고 발음되면 'two'와 'to'를 혼동하지 않는다.)

A.P from 6:30 to 11 = 6시 30분에서 11시까지 (앞의 from은 생략해서 말하기도 한다.)

DIALOGUE REVIEW

1. 아래 원본 대화에서 주의해야 할 리스닝 TIP을 생각나는 대로 적어본다.
2. 원본을 들으면서 현지 상황의 전체 대화 뉘앙스와 의미를 복습해 본다.

A : Excuse me.

A : 실례합니다.

B : Yeah?

B : 네.

A : Do you know what time breakfast starts?

A : 혹시 조식 언제 시작하는지 아시나요?

B : Six thirty.

B : 오전 6시 30분에요.

A : 6:30.

A : 6시 30분이요?

B : Yeah.

B : 네.

A : Do you know what time it ends?

A : 언제 끝나죠?

B : Eleven.

B : 오전 11시이요.

A : 6:30 to 11.

A : 오전 6시30분부터 11시까지 하는군요.

B : Yeah.

B : 네.

A : Thank you.

A : 감사합니다.

오늘의 리스닝 TIP

B : Good morning!

A : Good morning!

B : <u>May</u> we have your room number?

A : Yes, room number, we have two rooms, <u>604</u> and <u>1629</u>.

B : So 604 and 1629.

A : Yes. we have <u>vouchers</u>.

B : <u>Brilliant</u>, <u>that's even better</u>.

A : Right?

➜ 강의를 들으면서 순서대로 쭉 따라오세요.

KEY STEP 1

<u>May</u> we have your room number?

A.P. May ~ = 보통 'May'로 시작하는 문장은 'Can'으로 바꿀 수 있으며, 상대방의 허락을 구하는 문장이다.

KEY STEP 2

we have two rooms, <u>604</u> and <u>1629</u>.

A.P. 숫자를 말할 때 보통
- 세 자리인 경우는 한 자리씩 끊어 말한다. 604 = 6/0/4. (SIX-O-FOUR)
- 네 자리인 경우는 두 자리씩 끊어 말한다. 1629 = 16/29. (SIXTEEN TWENTY-NINE)

KEY STEP 3

Yes. we have <u>vouchers</u>.

A.P. 호텔 식당에서 '조식 쿠폰이 있다 / 조식 포함이다'라고 표현할 때
= We have vouchers. = Breakfast is included. 라고 표현한다.

KEY STEP 4

<u>Brilliant</u>, <u>that's even better</u>.

A.P. Brilliant. = 멋진, 똑똑한 (다소 영국적인 표현으로 미국에서는 주로 'Great'이라고 한다.)
A.P. that's even better. = 훨씬 좋네요.

DIALOGUE REVIEW

1. 아래 원본 대화에서 주의해야 할 리스닝 TIP을 생각나는 대로 적어본다.
2. 원본을 들으면서 현지 상황의 전체 대화 뉘앙스와 의미를 복습해 본다.

B : Good morning!

B : (호텔 조식 카운터에서) 안녕하세요.

A : Good morning!

A : 안녕하세요.

B : May we have your room number?

B : 방 번호 좀 알 수 있을까요?

A : Yes, room number, we have two rooms, 604 and 1629.

A : 네, 방 번호요. 방 두 개고요. 604호하고 1629호예요.

B : So 604 and 1629.

B : 자, 볼까요? 604호하고 1629호.

A : Yes. we have vouchers.

A : 조식 포함 티켓 여기 있어요.

B : Brilliant, that's even better.

B : 아, 체크하기 너무 좋네요.

A : Right?

A : (웃으면서) 그런가요?

오늘의 리스닝 TIP

A : <u>Allow me.</u> So, 04, 604, and 16?

A : 1629.

B : 1629.

B : <u>Obviously</u> we need a table.

A : Yes, we have a table?

A : Good.

B : Enjoy.

A : Thanks.

C : So <u>would you like to</u> drink any c**o**ffee?

A : Yes 2 coffees. Thank you.

➤➤ 강의를 들으면서 순서대로 쭉 따라오세요.

KEY STEP 1

Allow me. So, 04, 604, and 16?

A.P. Allow me. = 제가 ~하도록 허락해 주세요. 도울 수 있도록 허락해 주세요.
         = Let me ~ (미국식 표현)
         = 제가 체크해 볼게요.

KEY STEP 2

Obviously we need a table.

A.P. obviously = 확실히, 분명히

KEY STEP 3

So would you like to drink any coffee?

A.P. would you like to ~ : ~ 하시겠습니까?
    (영국식 발음에서 'o'는 정확히 '오'라고 발음한다.)

DIALOGUE REVIEW

1. 아래 원본 대화에서 주의해야 할 리스닝 TIP을 생각나는 대로 적어본다.
2. 원본을 들으면서 현지 상황의 전체 대화 뉘앙스와 의미를 복습해 본다.

B : Good morning!

B : (호텔 조식 카운터에서) 안녕하세요.

A : Good morning!

A : 안녕하세요.

B : May we have your room number?

B : 방 번호 좀 알 수 있을까요?

A : Yes, room number, we have two rooms, 604 and 1629.

A : 네, 방 번호요. 방 두 개고요. 604호하고 1629호예요.

B : So 604 and 1629.

B : 자, 볼까요? 604호하고 1629호.

A : Yes. we have vouchers.

A : 조식 포함 티켓 여기 있어요.

B : Brilliant, that's even better.

B : 아, 체크하기 너무 좋네요.

A : Right?

A : (웃으면서) 그런가요?

A : Allow me. So, 04, 604, and 16?

A : 체크해 볼게요. 음, 04...604호라고 하셨고 1600....몇 호실이라고 하셨죠?

A : 1629.

A : 1629호요.

B : 1629.

B : 아, 1629호.

B : Obviously we need a table.

B : 음. 분명히 테이블로 준비해야겠네요.

A : Yes, we have a table?

A : 좋아요, 지금 테이블 자리가 있나요?

A : Good.

A : 잘됐네요.

B : Enjoy.

B : 즐거운 식사 시간 되세요.

A : Thanks.

A : 감사합니다.

C : So would you like to drink any coffee?

C : (테이블에 앉은 자리에 직원이 다가와서) 커피 드시겠어요?

A : Yes 2 coffees. Thank you.

A : 네 두 잔이요. 감사합니다.

식당 식당 입장부터 디저트 주문까지 대화

WEAK POINT

해외에서 식당을 이용할 때는 기다리는 줄이 너무 길거나, 시끄러운 소음으로 직원의 말이 잘 안 들리거나, 예약을 어떻게 해야 하는지 잘 모르거나, 정작 메뉴를 봐도 무슨 음식인지 몰라 음식을 제대로 못 시키는 등 우리에게 어려운 상황이 많다. 다음의 순차적인 과정을 거쳐 식당 이용에서 발생할 수 있는 여러 상황을 대비해 보도록 하자.

1. 웨이팅하기
2. 인원 말해주기
3. 자리 안내 받기
4. 음료 주문하기
5. 메뉴 주문하기
6. 음식 조리법 요청하기
7. 소스 주문하기
8. 주문한 음식 바꾸기
9. 주문한 음식 취소하기
10. 디저트 주문하기

오늘의 리스닝 TIP

B : For how many people?

A : 3 people

B : 3 people? About 10 minutes.

A : 10 minutes?

B : **May**be, yeah.

A : Okay, thank you.

B : OK, table for 2?

A : 3.

B : No, 3, it's not ready yet.

➤➤ 강의를 들으면서 순서대로 쭉 따라오세요.

KEY STEP 1

For how many people?

A.P How many? = For how many? = For how many people?

KEY STEP 2

Maybe, yeah.

A.P 영국발음에서 주의할 발음 = A / O

KEY STEP 3

table for 2?

A.P table for + 숫자(2) : 2명이신 팀, 2분 자리 있어요.

KEY STEP 4

No, 3, it's not ready yet.

A.P be ready = 준비되다.

DIALOGUE REVIEW

1. 아래 원본 대화에서 주의해야 할 리스닝 TIP을 생각나는 대로 적어본다.
2. 원본을 들으면서 현지 상황의 전체 대화 뉘앙스와 의미를 복습해 본다.

B : For how many people?

B : 몇 명이세요?

A : 3 people.

A : 3명이요.

B : 3 people? About 10 minutes.

B : 3명이요? 한 10분 정도 있으셔야 해요.

A : 10 minutes?

A : 10분이요?

B : Maybe, yeah.

B : 네. 아마도요.

A : Okay, thank you.

A : 네 그럴게요. 감사합니다.

B : OK, table for 2?

B : (식당을 나와 밖의 대기줄을 향해) 자, 2명 들어오세요.

A : 3.

A : 3명자리는요?

B : No, 3, it's not ready yet.

B : 3분은 아직요. 아직 준비가 안 됐어요.

오늘의 리스닝 TIP

B : 2, right?

C : Yeah.

B : And the 3?

B : Fine to share a table?

A : Yes.

B : Yeah, follow me.

A : Let's go.

➤➤ 강의를 들으면서 순서대로 쭉 따라오세요.

KEY STEP 1

Fine to share a table?

A.P. share a table = 테이블을 공유하다. 합석하다. 표현 반드시 암기!

KEY STEP 2

Fine to share a table?

A.P. Are you fine to share a table?

KEY STEP 3

Fine to share a table?

(뒤의 're' 발음도 영국식 발음에서는 'r' 발음을 하지 않는다.)

KEY STEP 4

Yeah, follow me.

A.P. follow = 따라가다, 뒤를 잇다.

DIALOGUE REVIEW

1. 아래 원본 대화에서 주의해야 할 리스닝 TIP을 생각나는 대로 적어본다.
2. 원본을 들으면서 현지 상황의 전체 대화 뉘앙스와 의미를 복습해 본다.

B : 2, right?
B : (대기줄에 있는 손님 무리들에게) 여긴 2명이신 거죠?

C : Yeah.
C : 네.

B : And the 3?
B : 그리고 여긴 3명이고요?

B : Fine to share a table?
B : 혹시 합석 괜찮으세요?

A : Yes.
A : 네.

B : Yeah, follow me.
B : 네 그럼 저 따라 들어오세요.

A : Let's go!
A : 갑시다!

오늘의 리스닝 TIP

B : Hello guys, how are you doing?

A : Good, how are you?

B : Good, thank you. Table **for** 2?

A : 3.

B : 3, <u>perfect</u>, give me a few <u>seconds</u>.

A : Thank you.

➤ 강의를 들으면서 순서대로 쭉 따라오세요.

KEY STEP 1

Good, thank you. Table **for** 2?

(전치사 '**for**'이 빠르게 발음돼서 안 들릴 수 있다.)

A.P. table for + 2(숫자) = 2명이시죠?

KEY STEP 2

3, <u>perfect</u>, give me a few seconds.

A.P. perfect = '완벽하다'라고 평가하는 게 아닌, 그냥 맞장구 쳐주는 추임새. = great.

KEY STEP 3

3, perfect, give me a few <u>seconds</u>.

A.P. second = 두 번째 / 시간 단위의 초

* 잠깐만 기다리세요. = Hold on. / Wait a sec. / Give me a second. / Give me a few seconds.

DIALOGUE REVIEW

1. 아래 원본 대화에서 주의해야 할 리스닝 TIP을 생각나는 대로 적어본다.
2. 원본을 들으면서 현지 상황의 전체 대화 뉘앙스와 의미를 복습해 본다.

B : Hello guys, how are you doing?

B : 어서 오세요. 안녕하세요!

A : Good, how are you?

A : 네 안녕하세요!

B : Good, thank you. Table for 2?

B : 감사합니다. 2명이시죠?

A : 3.

A : 3명인데요.

B : 3, perfect, give me a few seconds.

B : 3명. 좋습니다. 조금만 기다리세요.

A : Thank you.

A : 감사합니다.

오늘의 리스닝 TIP

A : Hello.

B : How many for?

A : 3.

B : 3 yup, great uhm, I **can't** seat you togeth**er**. uhm….

 so if you wanna take a seat at **the** ba**r**.

A : We can do that.

B : Yeah.

A : Righ**t** here?

B : Yeah.

➜ 강의를 들으면서 순서대로 쭉 따라오세요.

KEY STEP 1

How many for?

A.P How many for? : 총 몇 명 인가요?

KEY STEP 2

I **can't** seat you together.

('**can't**'에서 '**a**'는 영국식 발음으로 '아'라고 발음했다. 뒤의 '**t**' 발음도 살려서 '칸트'라고 발음한다.)

KEY STEP 3

I can't seat you together.

A.P seat = ~을 앉히다.

KEY STEP 4

I can't seat you togeth**er**.

(단어 '**together**' 끝의 '**er**' 발음도 '**r**' 발음이기 때문에 발음하지 않는다.)

KEY STEP 5

so <u>if you wanna</u> take a seat at the bar.

A.P if you wanna = 당신이 만약 ~을 원하신다면

KEY STEP 6

so if you wanna <u>take a seat</u> at the bar.

A.P take a seat = 앉다

KEY STEP 7

so if you wanna take a seat at **the** ba**r**.

(영국식 발음에서 '**the**'는 정확히 발음한다. 또한, '**bar**'에서 뒤의 '**r**'도 영국식 발음에서는 발음되지 않는다.)

KEY STEP 8

<u>We can do that.</u>

A.P We can do that. = 그럴게요.

KEY STEP 9

<u>Right</u> here?

(미국식 발음이라 '**right**' 뒤의 '**t**'는 받침 발음을 한다.)

DIALOGUE REVIEW

1. 아래 원본 대화에서 주의해야 할 리스닝 TIP을 생각나는 대로 적어본다.
2. 원본을 들으면서 현지 상황의 전체 대화 뉘앙스와 의미를 복습해 본다.

A : Hello.

A : 안녕하세요.

B : How many for?

B : 총 몇 명이시죠?

A : 3.

A : 3명이요.

B : 3 yup, great uhm, I can't seat you together. uhm., so if you wanna take a seat at the bar…

B : 3명이요? 알겠습니다. 음, 다 같이 앉을 수 있는 자리는 없고요, 음, 혹시 BAR 자리에 앉기 원하시면.

A : We can do that.

A : 그렇게 할게요.

B : Yeah.

B : 네.

A : Right here?

A : 바로 여기 앉으면 되나요?

B : Yeah.

B : 아, 네.

귀뻥 왕초보

오늘의 리스닝 TIP

A : How are you.

B : I'm good, thank you very much for **a**sking.

B : Can I bring some drinks? Befor**e** food?

A : We migh**t** need a few moments. but,

B : Okay, no problem.

➤ 강의를 들으면서 순서대로 쭉 따라오세요.

KEY STEP 1

I'm good, thank you very much for **a**sking.

A.P for asking = 안부 물어봐 줘서
('asking'의 'a'는 영국식으로 발음해서 '아'라고 발음한다.)

KEY STEP 2

Can I bring some drinks?

A.P drinks = 음료

KEY STEP 3

Befor**e** food?

('**before**' 뒤의 '**re**' 발음도 영국식 발음에서는 '**r**' 발음을 하지 않는다.)

KEY STEP 4

We might need a few moments. but,

A.P We might need a few moments. = (주문은 좀) 이따가요. 문장 반드시 암기!
A.P second = moment = 잠깐

KEY STEP 5

We migh**t** need a few moments. but,

(단어 끝의 '**might**'의 '**t**'도 미국식 발음으로는 받침 발음을 한다.)

* '**might**'는 '**may**'보다는 더 불확실한 추측의 표현이다. (어쩌면, 아마도)

237

DIALOGUE REVIEW

1. 아래 원본 대화에서 주의해야 할 리스닝 TIP을 생각나는 대로 적어본다.
2. 원본을 들으면서 현지 상황의 전체 대화 뉘앙스와 의미를 복습해 본다.

A : How are you.

A : 안녕하세요.

B : I'm good, thank you very much for asking.

B : 네, 감사합니다. 안녕하세요.

B : Can I bring some drinks? Before food?

B : 음료 좀 드릴까요? 식사하시기 전에요.

A : We might need a few moments. but,

A : 저희 조금만 이따가요.

B : Okay, no problem.

B : 네 괜찮습니다.

오늘의 리스닝 TIP

A : Hi!

B : Hi again!

A : I believe **we're** ready.

B : Perfect.

A : We'll start with the drinks.

B : Okay.

A : Let's see, ice tea for my friend over here.

B : Ice tea?

B : My best, my favorite.

A : Ginger ale for my friend over here.

B : Ginger ale.

➡ 강의를 들으면서 순서대로 쭉 따라오세요.

KEY STEP 1

I believe **we're** ready.

('we are'을 줄여서 'we're'이라고 발음한다.)

KEY STEP 2

I believe we're ready.

A.P. I believe = ~인 거 같아요. '믿는다'라고 해석하지 말 것. 문장 반드시 암기!

KEY STEP 3

We'll start with the drinks.

A.P. drinks = 음료

We'll start with the drinks.

A.P. start with ~ : ~ 부터 시작하다. ~부터 주문하다.

(원어민들은 'We'll'처럼 '주어+조동사'를 아예 생략하고 발음하기도 한다.)

('start'에서 뒤의 't'는 'r' 다음에 오기 때문에 발음이 되지않고, 'with'와 'the'의 'th'가 서로 충돌하여 연음이 된다.)

Let's see, ice tea for my friend over here.

A.P. Let's see = 가만 보자, 한번 볼까?

(보통 회화에서는 앞의 'let's'를 생략하고 말하기도 한다.)

Let's see, ice tea for my friend over here.

A.P. 주문음식 + for + 주문할 사람 = 주문을 대신 시켜줄 때 표현 표현 반드시 암기!

A.P. over here = 여기 있는

My best, my favorite.

A.P. My best, my favorite. = 외국 식당에서 손님이 주문을 하면, 직원이 옆에서 호응으로 추임새를 넣기도 한다.

= Great, Perfect, Good choice, I love it 등등

Ginger ale for my friend over here.

A.P. ginger = 생강 / ale = 기포가 있는 beer의 한 종류.

ginger ale = ginger beer = 알콜 성분이 없는 탄산수

DIALOGUE REVIEW

A : Hi!

A : (직원을 찾다가) 저기요.

B : Hi again!

B : (주문 받으러 오면서) 다시 왔네요.

A : I believe we're ready.

A : 주문할게요.

B : Perfect.

B : 네. 좋아요.

A : Start with the drinks.

A : 음료부터 주문할게요.

B : Okay.

B : 알겠습니다.

A : See, ah····· Ice tea for my friend over here.

A : 보자, 저쪽 친구는 아이스티 주시고요.

B : Ice tea?

B : 아이스티요?

B : My best, my favorite.

B : 잘 시키셨네요. 저희가 잘하는 거예요.

A : Ginger ale for my friend over here.

A : 저쪽 친구는 진저에일 주세요.

B : Ginger ale.

B: 진저에일이요.

오늘의 리스닝 TIP

A : And is there beer in the ginger beer?

B : No, it's not alcohol.

A : It's not alcohol?

B : Soft drink.

A : It's a soft drink.

B : I like it a lot.

A : You like it a lot?

B : It's very good if you have a problem with your stomach as well, Ginger is very good for.

A : Alright, I'll try one of those.

B : Ginger beer?

➤➤ 강의를 들으면서 순서대로 쭉 따라오세요.

KEY STEP 1

And is there beer in the ginger beer?

A.P is there ~? = ~가 있나요?, ~가 들어 있나요?

KEY STEP 2

No, it's not alcohol.

A.P alcohol = 술, 주류

KEY STEP 3

Soft drink.

A.P soft drink = 청량 음료

KEY STEP 4

I like it a <u>lot</u>.

(영국식 발음에서 'o'는 명확히 '오'라고 발음한다.)

KEY STEP 5

<u>It's very good</u> if you <u>have a problem with</u> your stomach as well,

A.P It's very good ~ = 정말 좋아요.
A.P have a problem with ~ = ~에 문제가 있으면
A.P stomach = 위, 복통
A.P have a problem with one's stomach = 소화가 잘 안 되다.

KEY STEP 6

It's very good if you have a problem with your stomach **as** well,

A.P as well = 문장 끝에 나와서 '또한, 역시'라는 의미로 사용된다.
('as well'에서 앞의 'as' 발음이 뒤의 'well'과 연음이 돼서 발음되니 주의한다.)

KEY STEP 7

Ginger is very <u>good for</u>.

A.P be good for = 효과가 있다.

KEY STEP 8

Alright, I'll try <u>one of those</u>.

A.P one of those = 그거 하나

DIALOGUE REVIEW

1. 아래 원본 대화에서 주의해야 할 리스닝 TIP을 생각나는 대로 적어본다.
2. 원본을 들으면서 현지 상황의 전체 대화 뉘앙스와 의미를 복습해 본다.

A : And is there beer in the ginger beer?

A : 근데, 진저맥주 안에 맥주가 있는 거예요?

B : No, it's not alcohol.

B : 아니죠. 술 아니에요.

A : It's not alcohol?

A : 술 아니에요?

B : Soft drink.

B : 그냥 청량 음료예요.

A : It's a soft drink.

A : 아, 청량 음료요?

B : I like it a lot.

B : 정말 맛있어요.

A : You like it a lot?

A : 정말 맛있어요?

B : It's very good if you have a problem with your stomach as well, Ginger is very good for.

B : 소화가 잘 안되셔도 아주 좋아요. 진저가 아주 좋은 거랍니다.

A : Alright, I'll try one of those.

A : 알겠습니다. 그거 하나 시켜볼게요.

B : Ginger beer?

B : 진저맥주요?

오늘의 리스닝 TIP

A : Do you do free refills?

B : I'm sorry? I don't understand.

A : Refill, like uh if you drink at all, do you refill it?

B : uh······the water.

A : The water?

B : The water, yeah, I'll refill the water at any time when you want.

A : Cool.

➤➤ 강의를 들으면서 순서대로 쭉 따라오세요.

KEY STEP 1

Do you do free refills?

A.P free refill : 무료 리필

* Do you do refill? = 리필 되나요? 문장 반드시 암기!

KEY STEP 2

I'm sorry? I don't understand.

A.P I'm sorry = 다시 한번 말씀해 주실래요?

KEY STEP 3

Refill, like uh if you drink at all, do you refill it?

A.P at all = 전부, 전체, 몽땅, 완전히

('at all'에서 't'도 뒤의 'all'과 연음이 되어 발음된다.)

KEY STEP 4

I'll refill the water at any time when you want.

A.P at any time = 언제든지

DIALOGUE REVIEW

1. 아래 원본 대화에서 주의해야 할 리스닝 TIP을 생각나는 대로 적어본다.
2. 원본을 들으면서 현지 상황의 전체 대화 뉘앙스와 의미를 복습해 본다.

A : Do you do free refills?

A : 리필도 되나요?

B : I'm sorry? I don't understand.

B : 다시 한번 말씀해 주실래요? 잘 못 들었어요.

A : Refill, like uh if you drink at all, do you refill it?

A : 리필이요. 말하자면, 음료 다 마시면 다시 채워주시나 해서요.

B : uh……the water.

B : 음….물은 돼요.

A : The water?

A : 물이요?

B : The water, yeah, I'll refill the water at any time when you want.

B : 물이요, 네. 원하시면 물은 언제든지 다시 드려요.

A : Cool.

A : (기대 안 했다는 듯이 웃으며) 알겠습니다.

오늘의 리스닝 TIP

A : Alright, also, **we'll** take an original roll.

B : Original roll?

A : And which size **of** lobster would you suggest fo**r us th**ree?

B : Uh so maybe jumbos for two person?

A : Fo**r us th**ree.

B : So maybe one jumbo and then an original one.

B : Sounds good?

A : Let's do that.

➤ 강의를 들으면서 순서대로 쭉 따라오세요.

KEY STEP ❶

Alright, also, we'll take an original roll.

A.P also = as well = too = 또한, 역시

KEY STEP ❷

Alright, also, **we'll** take an original roll.

('**we'll**' 주어와 조동사를 생략해서 발음한다.)

A.P we'll take ~ : ~ 로 주문할게요.

KEY STEP ❸

Alright, also, we'll take an original roll.

A.P an original roll. = 빵 안에 랍스터를 구워서 넣어 만든 기본 요리.

KEY STEP ❹

And which size **of** lobster would you suggest for us three?

A.P which size = 어떤 사이즈 = 여기서는 'which'를 썼으니, 메뉴에 고를 사이즈가 많다는 의미.
(전치사 'of'는 발음을 명확히 하지 않아 잘 들리지 않는다.)

KEY STEP 5

And which size of lobster <u>would you suggest</u> for us three?

A.P would you suggest = 추천해 주실래요?

KEY STEP 6

And which size of lobster would you suggest <u>for us th</u>ree?

A.P for us three = 우리 3명에게, 3인분으로 표현 반드시 암기!

KEY STEP 7

Uh so maybe <u>jumbos</u> for two person?

A.P jumbo = Big 보다 좀 더 큰 초대형 사이즈, 2~3인용

KEY STEP 8

<u>For **us th**ree</u>.

('for us three'에서 중간의 'us'는 'for'의 'r'과 연음이 돼서 발음되고, 'us'의 's'는 뒤의 'three'의 'th' 와 발음이 유사해서 충돌한다. '포러쓰리'처럼 발음된다.)

KEY STEP 9

So maybe one jumbo <u>and then</u> an original one.

A.P and then = 그렇게 되면, 그렇게 하시면

KEY STEP 10

<u>Let's do that.</u>

A.P Let's do that. = 그렇게 할게요. 그렇게 주문할게요.

A : Alright, also, we'll take an original roll.

A : 좋아요. 그리고 오리지날 롤도 시킬게요.

B : Original roll?

B : 오리지널 롤이요?

A : And which size of lobster would you suggest for us three?

A : 그리고, 저희 3명 먹을 랍스터 사이즈 좀 추천해 주실래요?

B : Uh so maybe jumbos for two person?

B : 아마 2인용 점보사이즈 정도요?

A : For us three.

A : 3명이라서.

B : So maybe one jumbo and then an original one.

B : 그러면, 점보사이즈 하나하고, 오리지날 사이즈 하나 시키세요.

B : Sounds good?

B : 괜찮을까요?

A : Let's do that.

A : 네. 그렇게 주문해 볼게요.

오늘의 리스닝 TIP

B : <u>1.5</u>? I think it's fine.

A : Okay, <u>do you think</u> that's a good idea?

B : I think if you'<u>re</u> hungry, you'<u>re</u> gonna <u>be full</u> <u>in my opinion</u>.

A : Alright, <u>let's go with that</u>.

➜ 강의를 들으면서 순서대로 쭉 따라오세요.

KEY STEP **1**

1.5? I think it's fine.

A.P 1.5 = one <u>point</u> five. = 숫자를 말할 때 소수점 자리는 'point'라고 한다.

A.P lobster jumbe size = 2~3인분 (1.3~2.8kg)

KEY STEP **2**

Okay, <u>do you think</u> that's a good idea?

A.P do you think ~ : ~처럼 보이세요? ~같나요?

KEY STEP **3**

I think if you'<u>re</u> hungry,

(영국식 발음이라 '**you're**'에서 뒤의 '**re**' 발음을 안 한다.)

KEY STEP **4**

you'<u>re</u> gonna <u>be full</u> in my opinion.

(영국식 발음이라 '**you're**'에서 뒤의 '**re**' 발음을 안 한다.)

A.P be full = 배부르다

KEY STEP **5**

you're gonna be full <u>in my opinion</u>.

A.P in my opinion = 제 의견으로는요, 제 생각으로는요

Alright, <u>let's go with that.</u>

A.P Let's go with that. = Let's do that. = 그렇게 시킬게요, 그렇게 주문할게요. 문장 반드시 암기!

DIALOGUE REVIEW

1. 아래 원본 대화에서 주의해야 할 리스닝 TIP을 생각나는 대로 적어본다.
2. 원본을 들으면서 현지 상황의 전체 대화 뉘앙스와 의미를 복습해 본다.

B : 1.5? I think it's fine.

B : 점보 사이즈 1.5kg 시키시는 거죠? 적당할 거 같아요.

A : Okay, do you think that's a good idea?

A : 좋아요. 괜찮을까요?

B : I think if you're hungry, you're going to be full in my opinion.

B : 만약 배고프시다면, 제 생각이지만 약간 배부를 정도?

A : Alright, let's go with that.

A : 좋아요. 그렇게 주문할게요.

오늘의 리스닝 TIP

B : So 1.5, and original lobster, <u>how would you like to cook it?</u>

B : <u>Steam</u>, <u>grilled</u>, o<u>r</u> <u>half and half?</u> half steamed, half grilled?

A : Let's do '<u>half and half</u>'.

B : <u>Both?</u> Okay.

➤➤ 강의를 들으면서 순서대로 쭉 따라오세요.

KEY STEP 1

So 1.5, and original lobster, <u>how would you like to cook it?</u>

A.P How would you like to cook it? : 주문하신 요리 어떻게 해드릴까요? 〔문장 반드시 암기!〕

KEY STEP 2

<u>Steam</u>, <u>grilled</u>, o<u>r</u> <u>half and half?</u>

A.P steam = 찜 요리, grilled = 구운 요리, half and half = 반 반
(영국식 발음에서는 'or'에서 'r'도 발음을 안 해서 그냥 '오'라고 발음한다.)
(영국식 발음에서는 'half'에서 'a'를 그냥 '아'라고 발음한다.)

KEY STEP 3

Let's do '<u>half and half</u>'.
(미국식 발음에서는 'half'에서 'a'를 그냥 '에'라고 발음한다.)

KEY STEP 4

Both? Okay.

A.P both = 둘 다.

DIALOGUE REVIEW

1. 아래 원본 대화에서 주의해야 할 리스닝 TIP을 생각나는 대로 적어본다.
2. 원본을 들으면서 현지 상황의 전체 대화 뉘앙스와 의미를 복습해 본다.

B : So 1.5, and original lobster, how would you like to cook it?

B : 그러면 1.5kg하고, 오리지날 랍스터요. 요리는 어떻게 해드릴까요?

B : Steam, grilled, or half and half? half steamed, half grilled?

B : 찜요리, 구운요리, 아니면 반반으로도 나와요. 반은 찌고 반은 구운 요리요.

A : Let's do 'half and half'.

A : 반반으로 합시다.

B : Both?

B : 둘 다요?

오늘의 리스닝 TIP

B : Ah, garlic bu**tt**er sauce? or just plain bu**tt**er?

A : Can we have a bi**t of ea**ch?

B : A bit of each? Okay.

B : But the butter is just really, just plain butter, it's nothing really···

B : The lemon and garlic sauce uh amazing with the lobster.

➡ 강의를 들으면서 순서대로 쭉 따라오세요.

KEY STEP 1

Ah, garlic butter sauce? or just plain butter?

(영국식 발음에서는 'or'에서 'r'도 발음을 안 해서 그냥 '오'라고 발음한다.)

KEY STEP 2

Ah, garlic bu**tt**er sauce? or just plain bu**tt**er?

(영국식 발음에서는 'tt'나 't'는 그대로 't'로 발음한다.)

A.P. plain = 있는 그대로의, 기본적인

KEY STEP 3

Can we have a bi**t of ea**ch?

A.P. a bit of = 약간, each = 각각
* a bit of each = 각각 조금씩 표현 반드시 암기!
(미국 발음에서는 'a bi**t of ea**ch'에서 각 앞뒤 알파벳이 서로 연음이 된다.)

KEY STEP 4

But the butter is just really, just plain butter, it's nothing really···

A.P. just really, just plain = 그냥 진짜 평범한

The lemon and garlic sauce <u>uh</u>…<u>amazing</u> with the lobster.

(원래 문법적으로 동사 'is'가 나와야 하지만, 놀랍다는 감탄사 'uh'를 강조함으로써 자연스럽게 'be 동사'를 생략했다.)

A.P amazing = 놀라운, 잘 맞는

DIALOGUE REVIEW

1. 아래 원본 대화에서 주의해야 할 리스닝 TIP을 생각나는 대로 적어본다.
2. 원본을 들으면서 현지 상황의 전체 대화 뉘앙스와 의미를 복습해 본다.

B : Ah, garlic butter sauce? or just plain butter?

B : 아, 마늘버터 소스로 할까요? 아니면 그냥 버터 소스로 할까요?

A : Can we have a bit of each?

A : 각각 조금씩 할 수 있어요?

B : A bit of each? Okay.

B : 각각 조금씩이요? 그럼요.

B : But the butter is just really, just plain butter, it's nothing really…

B : 근데, 버터 소스는 그냥 진짜 평범한 버터예요. 뭐 특별한 건 없는.

B : The lemon and garlic sauce uh amazing with the lobster.

B : 레몬마늘 소스가 진짜 랍스터랑 끝내주죠.

오늘의 리스닝 TIP

A : <u>Which one</u>? The lemon and?

B : The lemon and garlic sauce.

A : The lemon and garlic sauce?

A : Okay, <u>we'll take</u> the lemon and garlic sauce **then**.

B : Okay, <u>something else</u>?

A : No, <u>I think that's</u> gonna be <u>plenty</u>.

B : Oh, okay. Thank you very much.

A : Thank you.

➡ 강의를 들으면서 순서대로 쭉 따라오세요.

KEY STEP 1

Which one? The lemon and?

A.P which one? = 어떤 거요?

KEY STEP 2

Okay, <u>we'll take</u> the lemon and garlic sauce **then**.

A.P we'll take ~ : ~로 할게요.
A.P then = 그러면, 그렇다면
　　('then' 단어는 주로 문장 뒤에 오면 발음에서 많이 안 들린다.)

KEY STEP 3

Okay, <u>something else</u>?

A.P something else? = 그 밖에 다른 건요?

KEY STEP 4

No, <u>I think that's</u> gonna be <u>plenty</u>.

A.P I think = ~ 인 것 같아요.
A.P plenty = 풍부한, 많은, 충분한
　　(미국식 발음에서는 't'가 'n' 다음에 오기 때문에 발음하지 않는다.)

DIALOGUE REVIEW

1. 아래 원본 대화에서 주의해야 할 리스닝 TIP을 생각나는 대로 적어본다.
2. 원본을 들으면서 현지 상황의 전체 대화 뉘앙스와 의미를 복습해 본다.

A : Which one? The lemon and?

A : 어떤 거라고요? 레몬하고?

B : The lemon and garlic sauce.

B : 레몬마늘 소스요.

A : The lemon and garlic sauce?

A : 레몬마늘 소스요?

A : Okay, we'll take the lemon and garlic sauce then.

A : 좋아요. 그럼 레몬마늘 소스로 할게요.

B : Okay, something else?

B : 알겠습니다. 더 필요한 건 없으세요?

A : No, I think that's gonna be plenty.

A : 없어요. 충분할 거 같은데요.

B : Oh, okay. Thank you very much.

B : 아, 알겠습니다. 감사합니다.

A : Thank you.

A : 감사합니다.

오늘의 리스닝 TIP

B : <u>Here's some</u> chips, chips.

A : I love it.

B : <u>Same</u> sauce.

B : <u>More</u> sauce.

A : We <u>call this fries</u> in America.

B : Fries, yeah, in our country, chip is <u>basically</u> the crisp.

B : <u>British people</u> like to do different, everything.

A : I like it.

➡ 강의를 들으면서 순서대로 쭉 따라오세요.

KEY STEP 1

Here's some chips, chips.

A.P Here is some ~ : ~ 나왔습니다.

KEY STEP 2

I love it.

A.P I love it. = 좋아요, 마음에 들어요, 맛있겠네요.

KEY STEP 3

Same sauce. More sauce.

A.P same = 같은

(영국식 발음에서는 'more' 뒤의 're' 발음을 하지 않는다.)

KEY STEP 4

We call this fries in America.

A.P call A B = A를 B 라고 부르다.

A.P (미) 감자튀김 = fries = french fries   (미) 얇게 튀긴 감자 = chips   (영) 감자튀김 = chips

A.P (미) elevator = (영) lift = 엘리베이터   (미) subway = (영) tube = 지하철

    (미) apartment = (영) flat = 아파트   (미) restroom = (영) loo = 화장실

Fries, yeah, in our country, chip is <u>basically</u> the crisp.

A.P basically = 원래

<u>British people</u> like to do different, everything.

A.P British people = 영국 사람들

DIALOGUE REVIEW

1. 아래 원본 대화에서 주의해야 할 리스닝 TIP을 생각나는 대로 적어본다.
2. 원본을 들으면서 현지 상황의 전체 대화 뉘앙스와 의미를 복습해 본다.

B : Here's some chips, chips.

B : (주문한 음식을 테이블에 놓으면서) 여기 감자튀김이요.

A : I love it.

A : 정말 맛있겠네요.

B : Same sauce.

B : (다른 사람 앞에 놓으면서) 저거랑 같은 소스도요.

B : More sauce.

B : 소스 더 있고요.

A : We call this fries in America.

A : 음, 우리 미국에서는 감자튀김을 프라이스라고 하는데.

B : Fries, yeah, in our country, chip is basically the crisp.

B : 프라이스요? 맞아요. 우리는 칩을 원래 바삭한 감자튀김이라는 뜻으로 써요.

B : British people like to do different, everything.

B : 영국인들은 뭐든지 좀 다르게 하는 걸 좋아하거든요.

A : I like it.

A : 멋지네요.

오늘의 리스닝 TIP

B : So, uh should I just put it in the middle of this one?

A : That's alright.

➤ 강의를 들으면서 순서대로 쭉 따라오세요.

KEY STEP 1

So, uh should I just put it in the middle of this one?

A.P. should I = 제가 ~ 해야 하나요?

KEY STEP 2

So, uh should I just put it in the middle of this one?

A.P. just = 문장에서 위치에 상관없이 사용되기 때문에 리스닝에서 주의한다.

KEY STEP 3

So, uh should I just put it in the middle of this one?

A.P. it = 주문한 랍스터 요리.

KEY STEP 4

So, uh should I just put it in the middle of this one?

A.P. in the middle of ~ : ~ 중간에, ~ 중앙에

DIALOGUE REVIEW

1. 아래 원본 대화에서 주의해야 할 리스닝 TIP을 생각나는 대로 적어본다.
2. 원본을 들으면서 현지 상황의 전체 대화 뉘앙스와 의미를 복습해 본다.

B : So, uh should I just put it in the middle of this one?

B : 자, 그러면, 이 랍스터 중앙에 놓을까요?

A : That's alright.

A : 좋아요.

오늘의 리스닝 TIP

B : Where are you guys from?

A : We're from korea.

B : You're living as well?

A : Yeah.

B : Okay.

A : Have you ever been?

B : No, no, not on the Asian part, just only the American part, so far.

➤ 강의를 들으면서 순서대로 쭉 따라오세요.

KEY STEP 1

Where are you guys from?

(영국식 발음에서는 'where'에서 뒤의 're'은 발음하지 않으며, 'be' 동사 'are'도 발음하지 않는다.)

KEY STEP 2

You're living as well?

(영국식 발음에서는 'You're'에서 뒤의 're'도 발음하지 않는다.)

A.P. as well = 또한, 역시

KEY STEP 3

Have you ever been?

A.P. Have you ever been? = 가보셨나요?

KEY STEP 4

No, no, not on the Asian part, just only the American part, so far.

A.P. not A, just only B = not (on the Asian part), just only (the American part)
                                            A   B

A.P. the Asian part = 아시아 지역

A.P. so far = 지금까지

DIALOGUE REVIEW

1. 아래 원본 대화에서 주의해야 할 리스닝 TIP을 생각나는 대로 적어본다.
2. 원본을 들으면서 현지 상황의 전체 대화 뉘앙스와 의미를 복습해 본다.

B : Where are you guys from?

B : 근데 다들 어디서 오셨어요?

A : We're from korea.

A : 저희 한국에서 왔어요.

B : You're living as well?

B : (미국인을 보고) 당신도 거기 사세요?

A : Yeah.

A : 네.

B : Okay.

B : 그렇군요.

A : Have you ever been?

A : 한국 가 보신 적 있으세요?

B : No, no, not on the Asian part, just only the American part, so far.

B : 아니요, 지금까지 미국 쪽만 가봤지 아시아 쪽은 가본 적 없네요.

귀빵 왕초보

오늘의 리스닝 TIP

B : So maybe, what if I just gonna put this on the side, yeah?

A : Sounds good.

B : Sounds good?

A : What is this?

B : That's the roll.

A : That's the roll.

➤➤ 강의를 들으면서 순서대로 쭉 따라오세요.

KEY STEP 1

So maybe, what if I just gonna put this on the side?

A.P. so maybe = 그러면 혹시

KEY STEP 2

So maybe, what if I just gonna put this on the side?

A.P. what if I ~ = 만약 제가 ~하면 어쩌죠?, 제가 ~하면 어떨까요?
A.P. on the side = ~ 옆에, 접시 가장자리의 남은 공간

KEY STEP 3

Sounds good.

A.P. Sounds good. = 좋아요.

DIALOGUE REVIEW

1. 아래 원본 대화에서 주의해야 할 리스닝 TIP을 생각나는 대로 적어본다.
2. 원본을 들으면서 현지 상황의 전체 대화 뉘앙스와 의미를 복습해 본다.

B : So maybe, what if I just gonna put this on the side, yeah?

B : 혹시 그러면 제가 여기 가장자리에 이 요리 놓으면 어떨까요?

A : Sounds good.

A : 좋아요.

B : Sounds good?

B : 괜찮으세요?

A : What is this?

A : 이건 뭐죠?

B : That's the roll.

B : 그거 롤이에요.

A : That's the roll.

A : 아, 롤이요.

오늘의 리스닝 TIP

B : So **if** you can't finish it, we have b**o**xes fo**r** take away, Okay?

B : Okay?

A : Good.

B : If you wanna take it, you're more than welcome.

B : So, enjoy.

B : You've got a big one here.

A : Thank you so much.

B : No worries.

➤ 강의를 들으면서 순서대로 쭉 따라오세요.

KEY STEP 1

So **if** you can't finish it,

A.P finish = 끝내다, 음식을 다 먹다.
(회화상에서 항상 'if' 발음은 잘 들리지 않으니 주의한다.)

KEY STEP 2

So if you can't finish it,

(긍정 '**can**'은 약하게, 부정 '**can't**'는 강하게 발음한다. 뒤의 '**t**'는 발음하지 않는다.)

KEY STEP 3

we have b**o**xes for take away, Okay?

A.P boxes = 식당에서 남은 음식을 포장해 가는 박스
(영국식발음에서는 'boxes'에서 'o' 발음을 그대로 '오'라고 발음한다.)

KEY STEP 4

we have boxes fo**r** take away, Okay?

(영국식발음에서는 '**for**'에서 '**r**' 발음을 하지 않아 '**fo**'라고 발음한다.)

A.P (영국식) take away = take out = 매장 밖으로 포장해 나가는 것. = (미국식) to go.

If you wanna take it, <u>you're more than welcome</u>.

A.P you're more than welcome. = 얼마든지 하셔도 돼요. 문장 반드시 암기!

    * you're welcome. = 천만에요.

You've got a big one here.

A.P you've got a big one = 푸짐하다, 어마어마하다.

DIALOGUE REVIEW

1. 아래 원본 대화에서 주의해야 할 리스닝 TIP을 생각나는 대로 적어본다.
2. 원본을 들으면서 현지 상황의 전체 대화 뉘앙스와 의미를 복습해 본다.

A : How are you.

A : 안녕하세요.

B : I'm good, thank you very much for asking.

B : 네, 감사합니다. 안녕하세요.

B : Can I bring some drinks? Before food?

B : 음료 좀 드릴까요? 식사하시기 전에요.

A : We might need a few moments. but,

A : 저희 조금만 이따가요.

B : Okay, no problem.

B : 네 괜찮습니다.

A : Hi!

A : (직원을 찾다가) 저기요.

B : Hi again!

B : (주문 받으러 오면서) 다시 왔네요.

A : I believe we're ready.

A : 주문할게요.

B : Perfect.

B : 네. 좋아요.

A : Start with the drinks.

A : 음료부터 주문할게요.

B : Okay.

B : 알겠습니다.

A : See, ah……Ice tea for my friend over here.

A : 보자, 저쪽 친구는 아이스티 주시고요.

B : Ice tea?

B : 아이스티요?

B : My best, my favorite.

B : 잘 시키셨네요. 저희가 잘하는 거예요.

A : Ginger ale for my friend over here.

A : 저쪽 친구는 진저에일 주세요.

B : Ginger ale.

B: 진저에일이요.

A : And is there beer in the ginger beer?

A : 근데, 진저맥주 안에 맥주가 있는 거예요?

B : No, it's not alcohol.

B : 아니죠. 술 아니에요.

A : It's not alcohol?

A : 술 아니에요?

B : Soft drink.

B : 그냥 청량 음료예요.

A : It's a soft drink.

A : 아, 청량 음료요?

B : I like it a lot.

B : 정말 맛있어요.

A : You like it a lot?

A : 정말 맛있어요?

B : It's very good if you have a problem with your stomach as well, Ginger is very good for.

B : 소화가 잘 안 되셔도 아주 좋아요. 진저가 아주 좋은 거랍니다.

A : Alright, I'll try one of those.

A : 알겠습니다. 그거 하나 시켜볼게요.

B : Ginger beer?

B : 진저맥주요?

A : Do you do free refills?

A : 리필도 되나요?

B : I'm sorry? I don't understand.

B : 다시 한번 말씀해 주실래요? 잘 못 들었어요.

A : Refill, like uh if you drink at all, do you refill it?

A : 리필이요. 말하자면, 음료 다 마시면 다시 채워주시나 해서요.

B : uh······the water.

B : 음....물은 돼요.

A : The water?

A : 물이요?

B : The water, yeah, I'll refill the water at any time when you want.

B : 물이요, 네. 원하시면 물은 언제든지 다시 드려요.

A : Cool.
A : (기대 안 했다는 듯이 웃으며) 알겠습니다.

A : Alright, also, we'll take an original roll.
A : 좋아요. 그리고 오리지날 롤도 시킬게요.

B : Original roll?
B : 오리지널 롤이요?

A : And which size of lobster would you suggest for us three?
A : 그리고, 저희 3명 먹을 랍스터 사이즈 좀 추천해 주실래요?

B : Uh so maybe jumbos for two person?
B : 아마 2인용 점보사이즈 정도요?

A : For us three.
A : 3명이라서.

B : So maybe one jumbo and then an original one.
B : 그러면, 점보사이즈 하나하고, 오리지날 사이즈 하나 시키세요.

B : Sounds good?
B : 괜찮을까요?

A : Let's do that.
A : 네. 그렇게 주문해 볼게요.

B : 1.5? I think it's fine.
B : 점보 사이즈 1.5kg 시키시는 거죠? 적당할 거 같아요.

A : Okay, do you think that's a good idea?
A : 좋아요. 괜찮을까요?

B : I think if you're hungry, you're going to be full in my opinion.
B : 만약 배고프시다면, 제 생각이지만 약간 배부를 정도?

A : Alright, let's go with that.
A : 좋아요. 그렇게 주문할게요.

B : So 1.5, and original lobster, how would you like to cook it?

B : 그러면 1.5kg하고, 오리지날 랍스터요. 요리는 어떻게 해드릴까요?

B : Steam, grilled, or half and half? half steamed, half grilled?

B : 찜요리, 구운요리, 아니면 반반으로도 나와요. 반은 찌고 반은 구운 요리요.

A : Let's do 'half and half'.

A : 반반으로 합시다.

B : Both?

B : 둘 다요?

B : Ah, garlic butter sauce? or just plain butter?

B : 아, 마늘버터 소스로 할까요? 아니면 그냥 버터 소스로 할까요?

A : Can we have a bit of each?

A : 각각 조금씩 할 수 있어요?

B : A bit of each? Okay.

B : 각각 조금씩이요? 그럼요.

B : But the butter is just really, just plain butter, it's nothing really…

B : 근데, 버터 소스는 그냥 진짜 평범한 버터예요. 뭐 특별한 건 없는.

B : The lemon and garlic sauce uh amazing with the lobster.

B : 레몬마늘 소스가 진짜 랍스터랑 끝내주죠.

A : Which one? The lemon and?

A : 어떤 거라고요? 레몬하고?

B : The lemon and garlic sauce.

B : 레몬마늘 소스요.

A : The lemon and garlic sauce?

A : 레몬마늘 소스요?

A : Okay, we'll take the lemon and garlic sauce then.

A : 좋아요. 그럼 레몬마늘 소스로 할게요.

B : Okay, something else?

B : 알겠습니다. 더 필요한 건 없으세요?

A : No, I think that's gonna be plenty.

A : 없어요. 충분할 거 같은데요.

B : Oh, okay. Thank you very much.

B : 아, 알겠습니다. 감사합니다.

A : Thank you.

A : 감사합니다.

B : Here's some chips, chips.

B : (주문한 음식을 테이블에 놓으면서) 여기 감자튀김이요.

A : I love it.

A : 정말 맛있겠네요.

B : Same sauce.

B : (다른 사람 앞에 놓으면서) 저거랑 같은 소스도요.

B : More sauce.

B : 소스 더 있고요.

A : We call this fries in America.

A : 음, 우리 미국에서는 감자튀김을 프라이스라고 하는데.

B : Fries, yeah, in our country, chip is basically the crisp.

B : 프라이스요? 맞아요. 우리는 칩을 원래 바삭한 감자튀김이라는 뜻으로 써요.

B : British people like to do different, everything.

B : 영국인들은 뭐든지 좀 다르게 하는 걸 좋아하거든요.

A : I like it.

A : 멋지네요.

B : So, uh should I just put it in the middle of this one?

B : (테이브을 쳐다보면서) 자, 그러면, 이 랍스터 중앙에 놓을까요?

A : That's alright.

A : 좋아요.

B : Where are you guys from?

B : 근데 다들 어디서 오셨어요?

A : We're from korea.

A : 저희 한국에서 왔어요.

B : You're living as well?

B : (미국인을 보고) 당신도 거기 사세요?

A : Yeah.

A : 네.

B : Okay.

B : 그렇군요.

A : Have you ever been?

A : 한국 가보신 적 있으세요?

B : No, no, not on the Asian part, just only the American part, so far.

B : 아니요, 지금까지 미국 쪽만 가봤지 아시아 쪽은 가본 적 없네요.

B : So maybe, what if I just gonna put this on the side, yeah?

B : 혹시 그러면 제가 여기 가장자리에 이 요리 놓으면 어떨까요?

A : Sounds good.

A : 좋아요.

B : Sounds good?

B : 괜찮으세요?

A : What is this?
A : 이건 뭐죠?

B : That's the roll.
B : 그거 롤이에요.

A : That's the roll.
A : 아, 롤이요.

B : So if you can't finish it, we have boxes for take away, Okay?
B : 만약에, 다 못 드시면, 포장용 박스도 있어요. 아시겠죠?

A : Good.
A : 좋네요.

B : If you wanna take it, you're more than welcome.
B : 만약 포장해 가시려면, 얼마든지 하셔도 됩니다.

B : So, enjoy.
B : 그래요, 이제 마음껏 드세요.

B : You've got a big one here.
B : 정말 푸짐하네요.

A : Thank you so much.
A : 너무 감사합니다.

B : No worries.
B : 천만에요.

오늘의 리스닝 TIP

A : Excuse me.

A : Hi, my friend asked for fried eggs, but is it **too** late **to** change it **to** scrambled?

B : Yeah, that's fine.

A : Okay. Thank you.

➤ 강의를 들으면서 순서대로 쭉 따라오세요.

KEY STEP 1

Hi, my friend asked for fried eggs,

A.P. 주문하다 = order = ask for

KEY STEP 2

Hi, my friend asked for fried eggs,

A.P. fry = 굽다. fried eggs = 계란 프라이.

KEY STEP 3

but is it too late to change it to scrambled?

A.P. scramble = 휘젓다. scrambled (eggs) = 스크램블 요리.

KEY STEP 4

but is it too late to change it to scrambled?

A.P. is it too late to ~ : ~ 하기엔 너무 늦었나요?

KEY STEP 5

but is it **too** late **to** change it **to** scrambled?

(리스닝 주의 : **two** / **to** / **too**)

but is it too late to <u>change it t</u>o scrambled?

A.P change A to B : A를 B로 바꾸다.

A.P it = fried eggs

('**it to**'에서 앞의 단어 '**it**'의 '**t**'와 뒤의 단어 '**to**'의 '**t**'가 충돌해서 발음한다.)

DIALOGUE REVIEW

1. 아래 원본 대화에서 주의해야 할 리스닝 TIP을 생각나는 대로 적어본다.
2. 원본을 들으면서 현지 상황의 전체 대화 뉘앙스와 의미를 복습해 본다.

A : Excuse me.

A : 실례합니다.

A : Hi, my friend asked for fried eggs, but is it too late to change it to scrambled?

A : 안녕하세요. 제 친구가 아까 계란 프라이를 시켰었는데요, 스크램블로 바꾸려면 너무 늦었나요?

B : Yeah, that's fine.

B : 아니에요. 괜찮아요.

A : Okay. Thank you.

A : 네, 감사합니다.

오늘의 리스닝 TIP

A : Excuse me, can we <u>cancel</u> <u>one of the orders</u>? The sausage.

B : Sausages.

C : Sure.

A : Sorry about that.

➤ 강의를 들으면서 순서대로 쭉 따라오세요.

KEY STEP 1

Excuse me, can we <u>cancel</u> one of the orders?

A.P. cancel = 취소하다.

KEY STEP 2

Excuse me, can we cancel <u>one of the orders</u>?

A.P. order = 주문하다, 주문, 주문한 음식
* the orders = 주문한 음식 전체 [단어 반드시 암기!]
* one of the orders. = 주문한 음식들 중 하나 [표현 반드시 암기!]
A.P. 음식을 취소하다 = cancel, nix (거부하다, 무르다)
* 주문한 거 물러도 될까요? = Can we nix the orders? [문장 반드시 암기!]

DIALOGUE REVIEW

1. 아래 원본 대화에서 주의해야 할 리스닝 TIP을 생각나는 대로 적어본다.
2. 원본을 들으면서 현지 상황의 전체 대화 뉘앙스와 의미를 복습해 본다.

A : Excuse me, can we cancel one of the orders? The sausage.

A : 실례합니다. 저희 아까 주문한 것 중에 하나만 취소해도 될까요? 소시지요.

B : Sausages.

B : 소시지요?

C : Sure.

C : 그럼요.

A : Sorry about that.

A : 정말 죄송합니다.

오늘의 리스닝 TIP

A : Hello!

A : Are you able **to** serve food now?

B : Yeah. Have a look, when you're ready, order at the bar, please.

A : Thank you.

➤ 강의를 들으면서 순서대로 쭉 따라오세요.

KEY STEP 1

Are you able to serve food now?

A.P be able to ~ = ~ 할 수 있다.
* Can you ~? = 대개 상대방의 능력을 물어보는 경우일 수 있다.
* Are you able to ~? = 상대방의 상황을 물어보는 경우일 수 있다.

KEY STEP 2

Are you able to serve food now?

A.P serve = 제공하다

KEY STEP 3

Are you able **to** serve food now?

('**to**' 부정사 발음을 잘 하지 않는다.)

KEY STEP 4

Have a look, when you're ready, order at the bar, please.

(영국식 발음은 '**have**'의 '**a**' 발음을 '아'라고 발음한다.)

A.P have a look = (메뉴판) 한 번 보세요.

KEY STEP 5

Have a look, when you're ready, order at the bar, please.

(영국식 발음은 '**you're**'의 '**re**' 발음을 하지 않는다.)

A.P when you're ready. = (주문할) 준비가 되다.

Have a look, when you're ready, order at the bar, please.

(영국식 발음은 '**order**'와 '**bar**'의 '**r**' 발음을 하지 않는다.)

A.P order at the bar = 바에서 주문하세요.

DIALOGUE REVIEW

1. 아래 원본 대화에서 주의해야 할 리스닝 TIP을 생각나는 대로 적어본다.
2. 원본을 들으면서 현지 상황의 전체 대화 뉘앙스와 의미를 복습해 본다.

A : Hello!

A : (식당 안으로 들어가면서) 안녕하세요.

A : Are you able to serve food now?

A : 지금 음식 되나요?

B : Yeah. Have a look, when you're ready, order at the bar, please.

B : 네, 메뉴판 보시고, 준비되시면 주문해 주세요.

A : Thank you.

A : 감사합니다.

100강

오늘의 리스닝 TIP

A : Hello.

B : Hi guys.

A : We were told **if we** show the receipt, we get ice cream.

B : It's true, how many?

A : 3.

B : There you go.

➤ 강의를 들으면서 순서대로 쭉 따라오세요.

KEY STEP 1

We were told.

A.P We were told ~ = ~라고 전해 들었습니다.
* tell = 말하다 / 전하다
* be told = 듣다, 말을 전해 듣다. = hear

KEY STEP 2

We were told if we show the receipt, we get ice cream.

A.P show the receipt = 영수증을 보여주다.

KEY STEP 3

We were told **if we** show the receipt, we get ice cream.

(회화상에서 'if'는 'f' 발음이 뒤의 단어와 연음이 되어서 거의 발음이 되지 않는다.)

KEY STEP 4

There you go.

A.P there you go = 여기 있습니다.
(영국식 발음으로 'there' 뒤의 're' 발음은 하지 않는다.)

DIALOGUE REVIEW

1. 아래 원본 대화에서 주의해야 할 리스닝 TIP을 생각나는 대로 적어본다.
2. 원본을 들으면서 현지 상황의 전체 대화 뉘앙스와 의미를 복습해 본다.

A : Hello.

A : (식당 문을 나가며 디저트 코너에서) 안녕하세요.

B : Hi guys.

B : 어서 오세요.

A : We were told if we show the receipt, we get ice cream.

A : 저희 영수증 보여주면 아이스크림 준다고 들어서요.

B : It's true, how many?

B : 네 맞아요. 총 몇 분이시죠?

A : 3.

A : 3명이요.

B : There you go.

B : (아이스크림을 건네주며) 여기 있습니다.

귀빵(왕초보)에서 꼭 알아두어야 할 미국식 발음

리스닝 연습을 위해 강의에서 배운 대로 발음해 봅시다.

- 단어에서 'S' 다음의 'T'는 주로 발음하지 않는다.

  JUST   FIRST

- 단어에서 'N' 다음의 'T'나 'D'는 주로 발음하지 않는다.

  WANT   FRONT   AND

- 단어에서 'R' 다음의 'T'나 'D'는 주로 발음하지 않는다.

  INSERT   START   CARD

- 단어 중간에 'T'가 오면 약한 'D' 발음을 한다.

  WAITING   TOTAL   SECURITY

- 단어에서 'TT'가 오면 주로 약한 'D발음'이나 'ㄹ' 발음을 한다.

  GETTING   BETTER   GOTTA   LITTLE

- 단어 끝에 'T'나 'D' 혹은 'TH'가 오면 받침 발음을 한다.

  WHAT   STRAIGHT   QUITE   ABOUT   FLIGHT   MIGHT   RIGHT   WITH
  DID   SHOULD   WOULD   COULD

귀빵(왕초보)에서 꼭 알아두어야 할 영국식 발음

리스닝 연습을 위해 강의에서 배운 대로 발음해 봅시다.

- 알파벳 'A' 발음은 영국식 발음에서는 그냥 '아'라고 발음한다.

HAVE   ASK   AFTER   HALF   AFTERNOON   CAN'T

- 알파벳 'O' 발음은 영국식 발음에서는 그냥 '오'라고 발음한다.

COFFEE   SHOP   GOT   OH MY GOD   BOX

- 알파벳 'T' 발음은 영국식 발음에서는 'ㅌ' 발음을 명확히 세게 발음한다.

WATER   SATURDAY

- 알파벳 'R' 발음은 영국식 발음에서는 전혀 하지 않는다.

YEAR   NEAR   HAIR   WHERE   THERE   AFTER

THIRTY   SHARE   BAR   TOGETHER   MORE

그 외 더 중요하고 다양한 발음 현상은 직접 강의에서 만나보세요.